区块链金融

王迎帅 著

智能社会与行业场景应用实战

图解版

QUKUAILIAN JINRONG

ZHINENG SHEHUI YU HANGYE CHANGJING YINGYONG SHIZHAN

中国铁道出版社有限公司
CHINA RAILWAY PUBLISHING HOUSE CO., LTD.

图书在版编目（CIP）数据

区块链金融:智能社会与行业场景应用实战:图解版/
王迎帅著.—北京：中国铁道出版社有限公司，2020.6
ISBN 978-7-113-26709-4

Ⅰ.①区… Ⅱ.①王… Ⅲ.①电子商务-支付方式-图解
Ⅳ.①F713.361.3-64

中国版本图书馆CIP数据核字（2020）第042731号

书　　名：区块链金融：智能社会与行业场景应用实战（图解版）
作　　者：王迎帅

责任编辑：吕　芝　　　**读者热线：**（010）63560056
责任印制：赵星辰　　　**封面设计：**宿　萌

出版发行：中国铁道出版社有限公司（100054，北京市西城区右安门西街8号）
印　　刷：北京铭成印刷有限公司
版　　次：2020年6月第1版　2020年6月第1次印刷
开　　本：700 mm×1 000 mm　1/16　**印张：**15.5　**字数：**217千
书　　号：ISBN 978-7-113-26709-4
定　　价：58.00元

前言

区块链技术在金融领域发展迅猛，涉及金融发展的很多领域。目前情况显示，区块链技术在金融领域已经有了不可替代的重要地位，并且随着它的发展，区块链技术对于金融领域的影响将会越来越大。

对于金融领域来说，区块链技术的应用是机遇与挑战并存。一方面，区块链技术分布式账本、加密授权、共识机制、智能合约的优势可以使金融领域的交易更加安全高效，区块链技术的融入推动了金融领域技术的进步。另一方面，由于区块链技术尚处于发展初期，在与传统技术相结合及监管方面都存在挑战，这也是我们要尽力解决的问题。

为确保区块链技术的稳步发展，加强对其的引导和监管是至关重要的。在对区块链技术的监管体制中，仍然可以引用区块链技术，它不仅是被监管的对象，同时也可以是监管的工具。同时在监管过程中，要积极借鉴其他国家的成功经验，与我国的实际相结合，做到对于区块链技术严格且全面的监管。

在监管之下，政府要制定各种扶持政策，企业要积极响应政府号召，在两者共同的努力之下，区块链金融必定可以更好地向前发展。

本书对区块链技术的特征和在金融领域的应用作了详细地讲解，结合大量图表和一些经典案例，让读者更清晰明了地学到更多有实用价值的知识和方法技巧。通过阅读本书，相关金融机构和企业可以快速了解区块链技术的应用优势，便于为自身的发展寻找更有效的途径。

■ 本书特色

1. 内容全面，适用性强，适合区块链及相关从业人员阅读

本书从区块链技术的运行机制出发，涵盖了多方面、多角度的内容，都是非常具有实用价值的理论知识和方法技巧，可读性和可操作性都非常强。除此之外，本书语言通俗、简洁明了，可以在很大程度上满足区块链及相关从业人员的阅读需求。

2. 结构清晰明了，便于查找

本书主要分为四个部分：区块链技术运行机制、区块链技术对互联网格局的影响、区块链在金融领域的应用、区块链金融监管。本书又列举了诸多内容模块，条理清晰，结构安排合理，读者可以轻松和顺畅地阅读。

3. 大量案例和图片，实战性强且便于理解

本书包含了大量经典案例和图表，一方面可以提升读者的阅读体验；另一方面，可以使读者便于理解文章讲述的内容，增强学习效果。

■ 本书内容及体系结构

第一部分：第 1 章

区块链是一个新生事物，很多人对区块链有些陌生。所以，第 1 章就介绍了区块链的运行机制，讲述了区块链技术的特征。通过本章的学习，读者可以对区块链这一新生事物形成基本观念，为后面的学习打下坚实基础。

第二部分：第 2 章

在应用区块链技术之前，还需要深层次地了解区块链技术。第 2 章就为读者讲述区块链技术在金融领域的发展前景与风险。机遇与挑战并存，抓住机遇，实现后互联网时代的格局重塑。

第三部分：第 3 ～第 11 章

第 3 ～第 11 章主要阐述了区块链技术在金融各个领域的实际应用，具体包括“区块链 + 清算与结算”“区块链 + 跨境支付”“区块链 + 数字票据”“区块链 + 供应链金融”“区块链 + 资产证券化 ABS”“区块链 + 征信”“区块链 + 资产托管”“区块链 + 反洗钱、反欺诈”“区块链 + 保险”。值得一提的是，本部分穿插了一些经典案例，旨在让读者更加深切地体会到区块链技术在金融领域应用的巨大优势和潜力。通过这一部分的学习，读者能清楚地知道区块链技术具体可以被应用到哪些金融领域，能够最大程度地发挥区块链技术的作用。

第四部分：第 12 章

在区块链技术应用到金融领域的同时必须加强对其的监管。第 12 章就为读者讲述了一些国家对于区块链技术应用到金融领域的态度及监管策略，并着重介绍了我国的监管策略，旨在让读者更加了解目前的环境，以便作出更科学的决策。

■ 本书读者对象

- 需要区块链知识和技巧的创业者
- 想要了解区块链的金融从业者
- 想要深入了解区块链的读者
- 相关专业的高校学生
- 想要学习区块链知识和技巧的读者
- 对区块链感兴趣的读者

目录

第1章

区块链核心技术

区块链的概念最早由中本聪提出，它是一种基于密码学的比特币底层网络框架系统。通过这种系统，网络参与者可以在不需要第三方参与的情况下，进行点与点的贸易交易。这种新技术的产生，引起了整个金融界的高度关注，它的创新有望改革整个金融系统。区块链之所以能够被视为一个颠覆性的创新技术，是因为其具有四大核心技术：分布式账本，加密与授权，共识机制和智能合约。

1.1 分布式账本

账本在商业运行中占据着重要的地位，它被用于记录产品的相关信息，包括商品的种类、数量以及价格等。随着科技的发展和时代的进步，数据的电算化趋势越来越明显，纸质数据已逐渐被电子数据取代，这些电子数据只需要通过一些程序就能被记录在存储介质中。这种变化使得分布式账本走进了大众视线。分布式账本使用区块链技术，在安全程度和易用程度上，远远优于传统的账本结构。

1.1.1 全新的数据存储方案

传统的数据存储方案是将个人信息数据依靠租赁某一互联网服务器，或通过中央机房来进行管理，同时在服务器接入点增加一系列的安全防护后，才能进行内部数据和外部客户端的交互。这种组织体系是完全依赖一个中心，如图 1-1 所示。

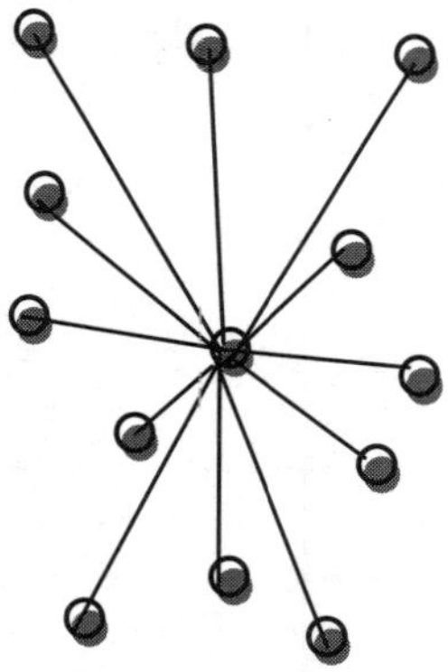

图 1-1　中心化组织体系

在系统理论中，一个系统的中心化程度越高，其出现错误的可能性也就越大。在数据存储中，数据存储方案的中心化程度越高，数据丢失或损坏的风险也就越高。

相反，分布式账本则具有去中心化的设计，也就是将数据信息分散，使得在运作的时候，需要在各个阶段进行确认，如图 1-2 所示。

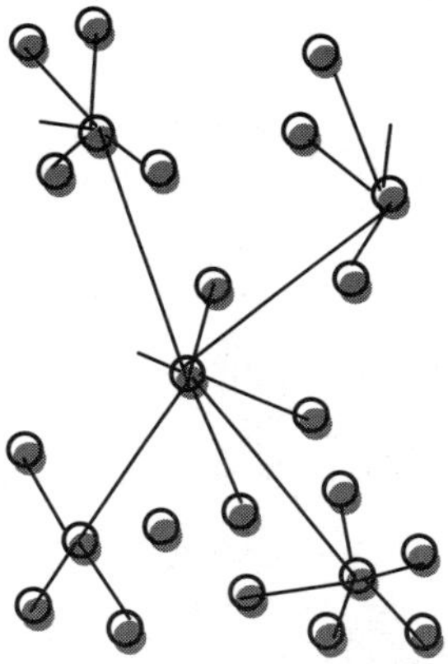

图 1-2　分布式账本在各个阶段的确认

如今得益于计算机技术的发展，将以分布式账本为基础的结算系统分布到跨越不同支付系统的每个节点上的做法得到了实现。传统的集中系统的中央总账主要由受信任的中央对手方来维护，分布式账本系统则由许多独立的私人实体以整个金融系统网络为基础，对中央总账的数个副本进行维护。这种分布式账本，从区块链技术中产生，并且在计算机技术和密码学技术的支持下获得了验证。这种技术使得横跨网络的参与者能够在总账的有效性方面取得共识。

分布式账本的出现使成本大大降低，因它的技术而产生的算法创新具有颠覆意义。人们期望以分布式账本对公共或者私营服务的实现方式进行改革，以大幅提高生产力。分布式账本拥有改变金融领域的潜力。理论上，它不仅可以被应用于虚拟货币，还可以应用在其他对快速安全的数据记录有需求的领域，如土地的租赁或者信贷登记等。除此之外，分布式账本还可以在法定货币计价的交易中发挥作用，所以它的应用价值并非只局限于虚拟货币。

分布式账本的实现形式多种多样，不同的形式各有其优缺点。对于已经给定的应用，需要根据用户的需求对其他精确设计的实现形式进行选择，选择时要考量一些关键因素，例如速度、效率和安全等，然后再对给定的系统进行设计，同时还需要对必要的权限进行定义。虽然金融机构投资的项目大多都是基于已有的平台，例如比特币区块链、瑞波和以太坊等平台，但是建立新的技术也是大势所趋。

分布式账本在本质上就是一种数据库，参与这个网络的用户可以得到一个真实账本的副本，而且这个副本是唯一的，受到共识机制的制约，这种数据库的最大特点就是可以在不同的网络成员之间进行分享、复制和同步。网络参与者可以在网络上进行交易，在交易中他们可以进行资产或者数据的交换，分布式账本则将这些交易记录在区块链上，在这个过程中没有任何第三方的参与。

由于分布式账本的每一个记录都对应着一个时间和一个密码签名，所以这种账本记录的交易都是可追溯和可审计的。

分布式账本中的数据若要发生改动，需要在得到所有接入网络的用户的多数确认之后才能进行，而且账本中任何一处的改动都会在每一个相对应的副本中体现出来。可以说，这个账本中的数据记录就是由所有的网络参与者共同进行更新的，一般情况下，这个过程会在几分钟甚至几秒内完成。

无论是实体资产，还是虚拟资产，或者是其他能够在法律和金融上被定义的资产，都能够利用分布式账本进行数据的存储。在设计时，就已经规定了账本中共享的信息是哪些类别，同时也规定了哪些网络参与者可以对账本的信息进行修改。尽管每个节点都拥有账本的副本，但账本的一部分数据仍是被加密保护的，只有授权者才能够读取其中的信息。

这个账本要通过公钥、私钥以及签名来控制账本的访问权，这种机制能够保障账本中记录的数据的安全性和准确性。这种保障就是基于密码学的保护，根据网络共识机制，那些被指定的网络参与者或团体才能对账本进行修改。

分布式账本技术的最大优点就是其可以让交易变得透明化，即互不相识的陌生人之间的资产交易过程也可以变得完全透明。在这种交易方式中，分布式账本能够在不需要第三方的情况下为交易的安全性和准确性提供保障。与此同时，分布式账本技术在交易货币的公开透明方面和契约机制方面都作出了创新，这也为新的信任契约的建立提供了技术基础。

从分布式账本技术的特性可知，只要众多网络参与者对重要信息达成统一的意见，交易的处理就可以完成。分布式账本技术省去了原有的额外人工对账程序，大大加快了交易处理的速度。随着智能合约的投入使用，人为干预的因素被减少，合同的执行效率和支付清算的整体效率就可以得到进一步提升。

对账是一个确保交易信息在参与者双方之间没有出现差错的过程，其内容包括对不同账户之间的信息进行核对以及将这些信息以不同的格式进行记录和存储。当数据信息被允许在参与者之间进行分享时，利用分布式账本技术就可以降低信息的错误率，还能够提高对账的效率，减轻后台工作的负担。以这种方式完成的对账数据在其他市场的参与者之间进行分享的时候，市场的透明度就可以得到提升。

通过分布式账本技术存储下来的信息可以在网络参与者之间实现同步，这种方式不仅可以提高交易数据的透明度，还可以有效地避免逻辑冲突。和传统的中心化的组织系统不同，在网络参与者把数据添加到账本之前，分布式账本就已经拥有了一定的话语权。

正是因为这种去中心化的组织系统治理模式，信任机制在一定程度上也得到了强化。分布式账本技术中的历史交易记录是高度透明的，相关的网络参与者只要具备权限就能在交易记录中查看交易的相关信息，从而掌握交易的全过程。

理论上，分布式账本技术可以追溯所有指定的账户中的全部交易信息，可以对每个节点进行监督以保障市场秩序的公平规范。因为在每个节点上都具有账本的完整副本，所以账本被篡改的可能性非常低，即使一部分数据被篡改，也可以通过数学算法循序甄别出来。因此，这种机制能够保证数据高度透明。

1.1.2 消除“单点障碍”

与传统中心化组织系统不同的是，分布式账本技术可进行分布式的数据存储，这样的方式有助于提高系统的弹性和数据的完整性。由于中心化组织系统的处理方式会遇到“单点障碍”，所以传统的金融服务系统会有与其配套的完备架构。

但是在分布式账本系统中，由于数据信息分布在整个网络的多个节点中，且每个节点中的数据信息都是实时同步的，所以即使某个节点出现了问题，其他的节点也不会受到影响，依然能将交易继续进行下去，保持系统的正常运行。

换言之，由于分布式账本系统存在着共识机制，一旦出现有错误的节点，这个错误的节点就会被整个系统网络抛弃，直至该节点对数据完成共识后才被允许继续工作。这个技术从根本上来说是一种 P2P 技术，有利于数据信息的传递和共享，令资产交易的速度得到极大提升。

网络参与者的数量越多，系统弹性便会越高。在分布式账本系统中，每一笔交易被记录之前，都要得到系统中大多数网络参与者的同意，也就是说，如果要对分布式账本系统进行攻击，就需要同时修改大多数网络参与者的意见，即对整个系统网络进行攻击，这无疑加大了攻击系统的难度。

分布式账本的加密技术也增强了系统的稳健性。除此之外，分布式账本可以将原有系统中的数据进行备份，在面对网络攻击的时候，它便具有高强度的防御能力。

在传统的中心化组织系统中，各个金融机构通过更新自己独有的数据库来显示自己的交易记录。每个金融机构的数据库之间相互独立，彼此没有关联和交流，这也就意味着数据库中记录的交易数据是可以被金融机构自身进行单独修改和删除的。除非根据数据库中的行为日志进行比对，否则这种修改和删除是没有办法被发现的。

例如，美国的富国银行曾被开出了 1.85 万亿美元的罚单，原因是该银行有超过 5000 名员工为了增加银行的销售额，创建了虚假银行账户。也就是说这 5000 多名员工为了达到他们的销售目标，擅自创建了 200 多万个虚假银行账户，为了让这些账户具有合法性，他们还私自转移了客户的资金。

从这个例子可以看出，中心化组织系统下的账本很容易被人篡改。但是一旦采用分布式账本技术，就能将各个金融机构联合，让它们共同合作，并形成一个数据库。这个数据库的数据记录相互关联，互相牵动，即使只有一条记录数据发生变动，系统也能快速地检测到。这种分布式账本系统可以保证账本中记录的数据不容易被人篡改，而且因为不可篡改，这些数据信息也具有了可回溯性，所以分布式账本技术非常适用于对数据信息的存储有较高要求的金融机构。

分布式账本系统的弹性和分布式账本特有的透明性为信息的可回溯提供了保障。数据信息的回溯性问题从过去到现在几乎都是交由中间机构来解决的。但由于中间机构本身不掌握任何数据，所以它们并没有办法保证信息的真实性。而分布式账本技术的数据库是共享同步的，它特有的去中心化特征能够把所有的数据信息都公开地记录在账本上，其数据的不可篡改性在根本上解决了数据真实性的问题。

社会上经常会有这样的新闻，某些机构募集的捐款不知去向；某某案件真相依旧不明……如果运用了区块链的技术，那么能否有效地避免这些问题的出现？答案无疑是确定的。利用区块链技术可以建立起一个公益区块链，将民众每一笔捐款的收入和支出进行记录，并公开这些数据信息，那么这些捐款就不会“不知去向”；如果警方能够利用区块链技术将多台设备中的视频实时上传，那么很多案件的真相也可能会尽早水落石出。

上述结果发生转变都是因为利用了区块链分布式账本信息可回溯性的特点。在网络金融方面，分布式账本的可回溯性同样起着重要的作用。

在互联网空间中，由电子数据作为数据记录的载体。但是存在一个问题，即难以对信息进行有效的回溯，信息不具有可追溯性。这里的电子数据主要指的是电子协议、电子合同和电子支付凭证等，这些数据和用户的投资时间和投资回报等信息相关联，对用户来说非常重要。如果用户的权益受到损害，那么这些电子数据将会成为用户维护自身权益最核心的武器。

但在实际操作中，这些电子数据通常由第三方中间机构或平台来保管，第三方在面临一些利益纠纷的时候，具有把这些电子数据销毁或者篡改的能力，所以电子数据的真实性很难被保证。

例如网贷平台也许会为了推后自己的还款时间而擅自修改与投资人签订

的电子合同，甚至有一些网贷平台会将自己平台上的电子数据全部删除。所以当投资人察觉到自己的权益受到损害，想要利用电子数据凭证进行维权的时候，就会发现维权之路十分艰难。

例如，在票据业务领域，农行发生了一起重大风险事件。本应该在保险柜里的票据被某中介提前取出，并与其他银行进行了交易，使得资金不仅没有回到农行的账本上，还非法进入了股市，造成了非常严重的后果，损失惨重。除此以外，票据业务领域经常发生一票多卖、假票、伪造票等现象，也是由电子数据缺乏保真性引起的。

于是在这种情况下，互联网市场就提供了一种更安全、更可靠的交易模式——区块链分布式账本，区块链分布式账本弥补了互联网金融市场的这个缺陷。

在分布式账本系统中，需要通过公钥和私钥以及签名三方来控制账本的访问权，只有在确认了私钥和公钥的内容完全正确后，才能进行货币转移。

分布式账本系统中的数据公开透明，不可任意篡改，且能够被永久地保存。即使一部分数据被修改，如前文所言，区块链分布账本系统也可以通过数学算法循序甄别出来。所以，就算有一些计算机可以篡改数据，但是整个账本的完整性仍然可以保证，也因为系统能够保持完整性，所以信息数据的回溯也就可能实现。

如果能将区块链分布式账本技术应用到电子数据的存储上，那么就能从根本上解决诸多问题。例如一个投资项目从它的提出、发起到募集资金，再到之后的偿还和票据的发行，每一个关键环节的信息都会被记录在该分布式账本系统中。

1.2 加密和授权

区块链中有多个区块，每个区块中都包含一次交易的数据信息。非对称加密技术是为了检验信息是否有效而生成下一个数据块的技术，区块链中的数据信息虽然是高度透明的，但是关于用户的信息却是高度加密的，只有得到用户的授权，才能得到用户的身份信息，这样的机制就保证了数据的安全性和隐私性。非对称加密技术包含 2 种密钥，一种是公开密钥，一种是私有密钥，即公钥和私钥。

1.2.1 对称加密 VS 非对称加密

现代加密算法由加解密算法和公私钥构成。利用加密算法和公钥加密，利用解密算法和私钥进行解密，唯一的私钥由用户保管。公钥与私钥一致时被称为对称加密，不一致时则被称为非对称加密，如图 1-3 所示。这两种加密模式在不同的场景中被使用，是一种互补关系，但在一些情况下也可以组合起来被使用，形成组合机制。

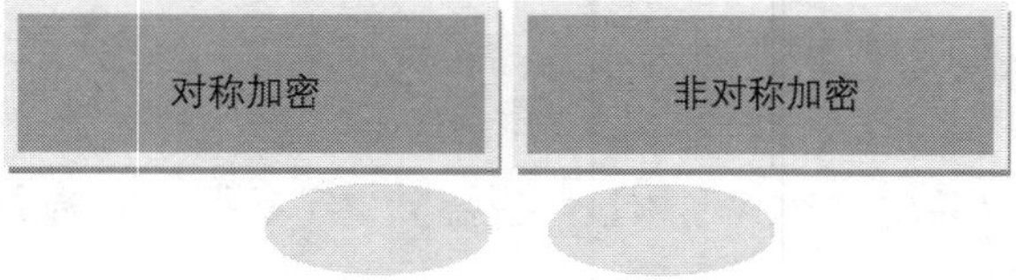

图 1-3 两种加密模式

1. 对称加密

在公钥和私钥一致的情况下，这种加密模式被称作对称加密。对称加密模式的优点非常明显，由于加解密用的是同一密钥，所以解密的速度会比较快，占用的空间比较小，保密性较好，强度也比较高。

但是对称加密模式也有缺点，由于加解密用的是同一密钥，所以如果有人将密钥泄露，这种加密方式就不具有很高的安全性，所以这种加密方式需要考虑的主要问题就是如何发放密钥。虽然这种加密方式因为其解密速度比较快，可以用于大量数据的加解密，但是却并不适用于需要签名的情况。

AES 系列算法是对称加密算法的一个代表，因为这种算法的安全性高，灵敏度好，能在很短的时间内建立出密钥，所以在对长文本信息进行加密的时候，通常会使用 AES 系列算法。

2. 非对称加密

在公钥和私钥不一致的情况下，这种加密模式就被称作非对称加密。非对称加密技术有两个特点：一是公私钥是分离的，容易分发。公钥就是公开的密钥，所有人都能得到，但是私钥却是由用户一个人来保管的，不会进行公开，除了用户本人，其他人是无法从公钥推算出私钥的；二是用公钥对其中一个密钥进行加密后，只能用相应的另一个密钥才能解密。

进行非对称加密，首先要按照某种算法进行密钥的生成，例如 SHA256 hash 算法、Base58 转换等。在系统中输入数字，经过计算后可以得出一串字符串，这串字符串就是计算得出的私钥。然后，在另一套算法（例如 secp256k1 椭圆曲线）中，通过私钥来生成公钥，这个过程是不可逆的，即无法从公钥逆推出私钥。所以，从密码学角度，这种加密方式是安全的，有助于保证数据的安全性。

非对称加密的优点是每一对密钥都是唯一有效的，保密性较高，其缺点是加解密的速度比较慢。在区块链中，信息解密、数字签名以及登录认证常常会采用非对称加密。

但是，当需要为大量数据进行加解密的时候，这种加密方式并不适用。有许多算法能代表非对称加密算法，例如RSA、ElGamal和椭圆曲线加密算法等。RSA算法具有较低的安全性，所以当前主要使用椭圆曲线系列算法来完成非对称加密。

以比特币为例，比特币系统中会随机生成256位随机数来作为私钥。这庞大的私钥总量从密码学角度是可以保证私钥的安全性的。但是为了易于识别，这256位随机数私钥会通过SHA256 hash算法和Base58的转换形成一串固定长度的数字串，这段数字串就是交易中的私钥。

以私钥为基础，再通过secp256k1椭圆曲线算法转换，生成65个字节长度的随机数，这个随机数序列可以转换成比特币交易时所使用的地址。生成的65个字节长度的随机数经过SHA265和RIPEMD160算法运算转换后可以生成20字节的比特币地址摘要，利用SHA256算法对地址摘要的结果进行两次运算后可以得到一串数字串，取哈希值前四位为地址校验码，在摘要的前面增添上版本号的信息，并且在其末尾添加地址校验码，最后就可以将整合好的信息经过Base58算法转换为33字符的比特币地址。如图1-4所示。

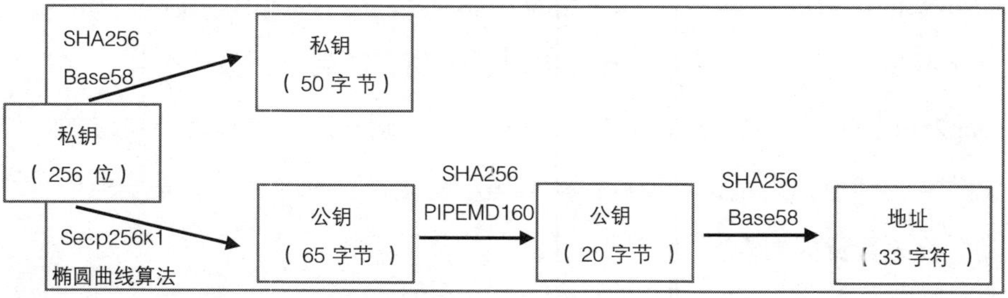

图1-4　比特币非对称加密机制

比特币的公钥与私钥一般都保存在比特币钱包文件当中，私钥在区块链系统中最为重要，因为如果将私钥丢失，就意味着这个私钥所对应的公钥地址和地址中的财产也一并丢失了。

非对称加密技术在信息加密中的应用过程如下：信息的发送人（记为 A）通过使用信息接收人（记为 B）的公钥来对信息进行加密，然后再将加密的信息发送给 B，B 接收到加密信息后，再用自己唯一的私钥对信息进行解密，比特币的加密过程与之类似。

数字签名是指用户能对自己的信息进行处理，然后生成一段数字串。这段数字串无法被他人伪造，是信息发送人发送消息的真实性的有效凭证。通过数字签名技术，数据传输的完整性和发送人身份认证的有效性都可以得到保证，有助于防止交易中抵赖事件的发生。

非对称加密技术在数字签名情况下的应用过程如下：首先由发送人 A 使用唯一私钥来加密信息，然后将加密的信息发送给 B，B 通过使用 A 的公钥来对加密的信息进行解密，从而保证该信息的确是由 A 发送过来的。

非对称加密技术在登录认证场景中的应用过程如下：用户在客户端使用唯一私钥对登录信息进行加密，然后将加密信息发送至服务器，服务器接收到后就可以利用此客户端的公钥进行解密，从而对登录信息进行认证。

区块链交易由两步组成，第一步是交易签名，第二步是交易验证。交易签名是指本次信息接收人（B）使用公钥对上一次交易的信息进行加密，然后本次信息的发送人（A）用自己的唯一私钥在加密的信息上签名。

交易验证是指本次信息的发送人（A）利用公钥对其签名进行解密，解密后就可以得到一个信息 X，然后再将上一次交易的数据信息与本次交易接收人（B）进行拼接。然后采用哈希算法进行运算后就可以得到一个信息 Y，只要信息 X 能与信息 Y 一致，就表示本次交易的信息发送人确定是 A，接收人确定是 B，A 与 B 是进行这次交易的对象。这种非对称加密技术的运用使区块链交易的私密性和真实性都得到了大幅的提高。

随着区块链技术的深入发展以及当今社会对区块链应用技术需求的增长，非对称加密技术也不断被应用在多个领域，技术人员不断地进行技术的更新，在交易签名验证的应用基础上添加了新的技术。

例如，当需要达到有限匿名的目的的时候，就可以考虑对记录在区块链上的数据进行加密，但打开区块链进行查看就必须要拥有解密的钥匙，于是这便要求生成一种多重签名的技术，存储在区块中的数据需要被其他节点检验，但如果不愿让校验者看到某些真实信息，那么就需要盲签名技术的支持。

1.2.2 安全的隐私保护

在信息系统中，有一些数据是数据拥有者不愿向外界透露的，这些数据就被称为信息系统中的隐私。区块链系统因为其特有的数据透明性，所以每个节点的数据都具有同步性。为了维持数据的同步性，让大多数网络参与者对交易达成共识，区块链中的一部分信息就必须公开。

然而，为了保护用户的隐私，还要对一部分拥有者不愿公开的敏感数据进行处理，降低隐私泄露的风险。根据区块链技术的特点，将区块链中的隐私分为两种，如图 1-5 所示。

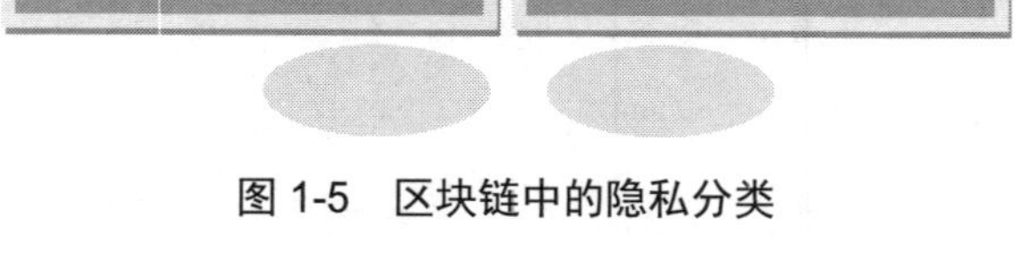

图 1-5　区块链中的隐私分类

1．身份隐私

身份隐私指的是用户的个人信息和区块链地址之间的关联关系。区块链地址通常是利用非对称加密算法生成的，可以被用作交易的输入地址或者输出地址。由于区块链地址是由算法生成的，所以它本身的信息与用户个人信息无关，用户可以自由创建并使用区块链地址，这个过程不需要第三方的参与。因此，相较于银行账号这一类传统的账号，区块链地址的匿名性更好。

但是当用户使用区块链地址进行交易的时候，网络层中会留下传播轨迹，这些轨迹可能会被他人看到并利用这些轨迹推测与该区块链地址对应的个人信息等，所以还是存在一些私密信息泄露的问题。

2．交易隐私

交易隐私主要是指存储在区块链中的交易历史记录等信息。在早期的区块链电子货币交易中，交易记录一般是公开的，对交易记录并没有额外的保护措施。但是随着区块链应用领域的扩大，区块链技术开始被银行等金融领域使用，于是交易记录就成为非常重要的敏感数据，例如从用户的购物记录可以推测该用户的生活水平和生活状态。因此，就需要采取一些特殊的措施来防止信息泄露，保护用户的交易隐私。

由于区块链的数据信息不能轻易被篡改和消除，所以即使发现用户的交易隐私被泄露，也很难像传统的中心化组织系统一样，通过对已经曝光的信息进行删除来阻止隐私的继续传播，所以用户的交易隐私是区块链技术的重点保护内容。

区块链技术因其去中心化的特征，在隐私的保护方面上要比中心化的组织系统具有一些突出的优势。所以，它被应用在一些需要对隐私进行保护的场景中。

例如，在传统的网络中，可以通过窃听网络流量来发现用户之间的通信关系，但是由于区块链系统是一种 P2P 网络，它的通信是采用节点与节点之间的关联实现传播的：在区块链网络中，交易的发起人首先要将交易的信息发送给与自己邻近的节点，邻近的节点收到了信息后再将信息转发给与自己邻近的节点，以此类推，信息在整个网络中传播。换言之，信息的接收者无须与发起者进行直接通信就可以接收到信息，因此，P2P 网络被成功窃听并不容易，窃听者很难通过窃听来判别信息的来源与去向。

运用区块链技术可以进行匿名交易。区块链的交易需要区块链地址作为输入地址或输出地址，而区块链地址是由用户自主创建的，整个过程无须第三方的参与，所以区块链地址与用户的个人信息不相关联。区块链地址来源于非对称加密算法，地址本身就具有很大的地址空间，这就意味着地址之间出现重复的概率非常低。这种低重复率就使得每个用户都可以在交易中生成不同的区块链地址，增强交易的匿名性。

区块链技术的组织系统为去中心化框架，账户及密码等敏感信息并不集中存储在中心服务器上，这就避免了像传统中心化系统一样，中心服务器因遭受攻击而产生数据泄露问题。从这里就可以看出区块链技术以密码学为基础，在非信任节点之间建立起信任关系，与传统的依靠中心机构的隐私保护模式不同。

区块链系统与传统中心化机构对隐私保护的侧重点不同。因为传统的中心化组织系统是将所有的数据信息存储到中心服务器中，所以这种模式的重点是保护数据在存储和传播过程中不会泄露。然而在区块链技术中，数据是公开共享的且具有透明性，无法采用中心存储的方式来保护隐私，所以这个技术将隐私保护的侧重点放在交易的匿名性上，虽然交易的信息是公开共享的，但是攻击者无法从中找出交易者的个人信息。

3. 隐私保护仍存在许多限制条件

区块链技术的节点多为私人计算机，而不是传统的中心服务器，很多关于隐私保护的算法无法适用于区块链技术。

根据区块链技术的特点，可以将区块链技术中的隐私保护机制分为三种类型，如图 1-6 所示。

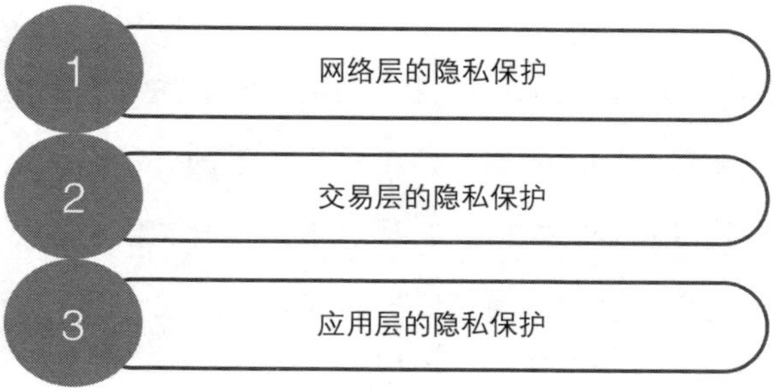

图 1-6　区块链技术中的隐私保护机制类型

1. 网络层的隐私保护

网络层指的是包含节点设置、节点通信、数据传输机制等底层通信的整个过程。在早期区块链的应用中，任何用户都能够通过运行比特币程序成为网络中的节点。成为节点并不需要经过审批，节点之间可以自主进行通信和信息传输。这样的机制使得早期区块链系统容易被攻击者监听，攻击者还能够从中获取隐私数据。因此，网络层的隐私保护要避免被主动监听和攻击，把侧重点放在限制节点的权力上。

2. 交易层的隐私保护

交易层指的是区块链中数据的产生、验证、存储和使用的过程。区块链技术基于其特有的数据结构和共识机制，其数据不可被任意篡改，这虽然增加了账本本身的真实性和准确度，但同时也增加了隐私泄露的风险。一旦隐私被泄露，不仅完整的交易数据会被泄露，用户的个人信息也同样会被泄露。因此，对交易层的隐私保护需要基于区块链共识机制，尽可能地将数据背后的隐私隐藏起来。

3. 应用层的隐私保护

应用层指的是区块链技术被外部使用的过程。用户因使用区块链程序和其他程序而导致隐私泄露，例如一些用户将自己的比特币地址公布在论坛等社交网站上面导致隐私泄露。因此，提高用户自身的安全意识和区块链服务商的防护水平，是应用层方面隐私保护的侧重点。

1.3 共识机制

区块链的一个核心技术就是共识机制。共识机制的主要作用是决定区块链节点的记账权利，可以有效保证区块链上的所有参与节点之间的相互信任。由于共识机制的存在，所有的参与节点之间的信任得到了保证，出现在区块链节点合作上的冲突问题也可以被及时解决。此外，共识机制还能提高用户参与区块链系统维护工作的热情，从而提升区块链系统的稳定性。

1.3.1 共识即有效

什么是共识即有效呢？比如有 A、B、C、D、E 五个相互之间并不认识的人同时都认为 G 是一个好人，那么在某种意义上就说明 G 这个人应该是一个不坏的人。其中，A、B、C、D、E 五个人认为 G 是一个好人的一致性看法就是一种共识，而这得出的结论“G 是一个不坏的人”就相当于“有效”，因为五个人都认可了 G 身上的“好人”价值，这种价值就是所谓的“有效”。

在区块链中，由于区块链是依据时间顺序来存储数据的，所以它可以支持多种共识机制。共识机制可以让区块链中所有诚实的节点都存储区块链数据信息，这些信息具有两个特性：一致性和有效性。一致性就是指所有诚实的节点存储的区块链的前缀部分完全相同，有效性则是指由某一个诚实节点所发出来的信息最终是会被其他的诚实节点记录到自己所在的区块链中。

由于区块链可以支持多种共识机制，所以在一致性和有效性均满足的情况下，其采用的不同共识机制会对整个区块链系统产生一些影响。以下为区块链共识机制的四个评价维度，如图 1-7 所示。

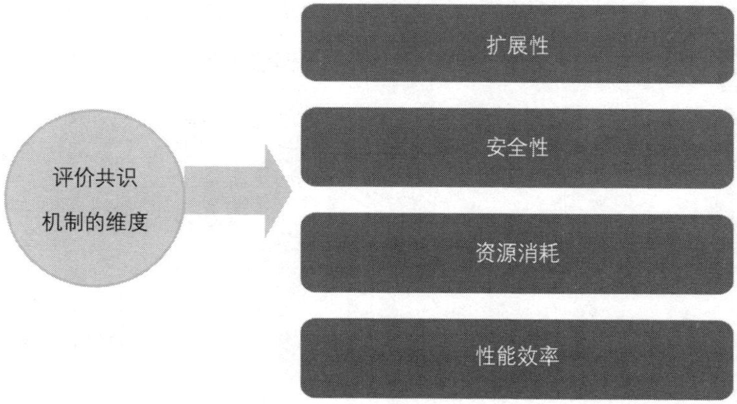

图 1-7 区块链共识机制的四个评价维度

1. 扩展性

区块链共识机制的扩展性主要就是看其能否支持网络节点的扩展。在区块链的开发设计中，扩展性是其需要着重考虑的一个重要因素。在不同的区块链中，扩展性可以被分为两种：待确认交易数量的增加与系统成员数量的增加。在待确认交易数量和系统成员数都增加时，区块链系统的网络通信情况和承载能力是扩展性需要考虑的两个主要问题。

2. 安全性

安全性就是指共识机制在区块链中是否能避免二次支付等问题的出现，以及有没有较好的容错能力。二次支付问题是区块链金融交易中的主要安全问题，例如 Sybil 攻击就是以在区块链系统中生成大量无意义节点的方式来影响整个区块链系统的安全性。

3. 资源消耗

在区块链中，各节点达成共识需要耗费一定的资源，如 CPU 等。共识机制主要是凭借计算机资源来让区块链中的所有节点达成共识的。例如，在比特币区块链系统中，它的共识机制是以工作量证明机制为基础的，信任证明的提供需要该机制消耗大量的计算机资源进行挖矿才能实现，从而达成最后的共识。

4. 性能效率

共识机制的性能效率主要在于其在区块链中每秒可处理和确认多少交易量。区块链共识机制的性能效率问题备受人们的关注，成为一个研究点。

例如，比特币的共识机制就是一个基于工作量证明（PoW）的共识机制。就当前来看，该共识机制已经不仅仅只有比特币在使用，它还被应用在其他的一些公有链系统当中。

区块链网络中所有节点的一致性可由 PoW 共识机制来维持。在 PoW 共识机制中，每一个参与共识算法竞争的区块链节点被称作“矿工”，我们常说的比特币“挖矿”就是指一个求解随机数的过程。当区块链节点收到区块链交易的信息或是有新的区块被创建的信息后，这些节点就会进行新一轮的“挖矿”。

在“挖矿”的过程，新区块的区块头信息会进行哈希。鉴于每一个区块头中的信息都是独一无二的，所以在区块链节点的每一次挖矿过程中，区块的哈希值通常都是不同的。在区块链节点挖矿前，都会先计算出一个目标值，而这个目标值是和求解的难度系数密切相关的，区块链节点每进行一次“挖矿”，就会产生一个随机数。

区块链节点会把这个随机数和区块头中具有唯一性的区块头信息的哈希值进行双 SHA3 哈希，哈希生成的结果会继续被区块链节点拿去和目标值进行比对，若是该结果小于目标值，那么此次“挖矿”就是成功的，若没有小于目标值，那么区块链节点就会继续对那些重新生成的随机数进行运算，直至哈希的结果小于目标值。

在整个哈希过程中，计算能力是唯一的相关点。由于双 SHA3 具有不可逆性，所以区块链节点求解哈希结果小于目标值的过程只能依靠不断地计算才能获取。所以，从区块链节点的求解速度上能看出 PoW 共识机制的计算能力。

相较于耗时较长的挖矿过程，PoW 共识机制的校验过程非常简洁迅速，其校验只需要区块链节点将随机值和区块头信息的哈希值重新进行一遍双 SHA3 哈希，然后再把哈希生成的结果和目标值比较，看是否小于目标值。

除 PoW 共识机制以外，还有 DPOS 共识机制和 POS 共识机制。DPOS（Delegated Proof of Stake）共识机制为区块链网络提供去中心化和事务处理的共识协议，从而减少该区块链网络中的资源消耗。

以公司董事会表决来比喻的话，董事会的股东成员就相当于该区块链中的节点。在董事会表决中，所有股东都有权进行投票表决，一旦股东的投票支持率超过 51%，那么董事会的某一决定就能通过。DPOS 共识机制下的区块链节点与其类似，各节点达成共识就意味着“有效”，DPOS 共识机制会将权力分发给区块链中的所有节点，所有节点达成共识就意味着交易能够顺利进行。

在董事会表决中，“代表”是一个关键性角色。所谓“代表”就相当于是区块链中生成区块的节点，想要成为“代表”，首先要做的就是支付一定量的保障金，来确保这个“代表”是可信的。每个用户都可以选择自己信任的“代表”，投票数排在前列的代表就可以依照时间顺序生成区块。

POS 共识机制是根据中本聪提出的币龄概念被提出的。该共识机制和 PoW 共识机制不同，该共识机制是每生成一个新区块就会提供一个证明，该证明可以确认这一新生成的区块在被区块链网络认可之前是否曾接受过一定量的货币，从而证明生成该区块的节点对货币具有所有权。

POS 共识机制的挖矿过程除了和节点的算力相关外，也和节点的权益相关，在“挖矿”的过程中，具有更高权益的节点比权益较小的节点更有优势。因此基于 POS 共识机制的区块链系统的挖矿效率会比 PoW 共识机制更高，算力资源的浪费情况比 PoW 共识机制低。但是 POS 共识机制在本质上并没有脱离节点挖矿的制约，所以即使 POS 共识机制的算力资源浪费比 PoW 共识机制少，浪费情况依然存在。

1.3.2 数据不可变

数据不可变是指只要数据被写入区块链，包括系统管理员在内的任何人都无法对其进行篡改。这对数据提供方和数据接收方都有好处：一方面，数据提供方可以证明自己的数据并没有被篡改；另一方面，数据接收方可以确保自己收到的数据没有被篡改。

通常，不变性都是相对的。例如，某人将一封电子邮件发送给了所有的朋友，从他的角度看，这封电子邮件就是不可变的，因为如果想要删除邮件，只能说服他的朋友或者操纵邮件服务器的管理人员将电子邮件完全删除。也就是说，在电子邮件没有任何协作和检测风险的情况下，发送者是无法对其进行撤销或篡改的。

另外，终端用户只拥有私人数据库的只读权限，根本无法对数据库中的数据进行篡改。但是那些拥有访问权限的系统管理员却很有可能做到。那么，应该如何避免出现某些系统管理员为了自己的利益篡改数据的现象呢？创建责任分离机制是目前值得尝试的一个手段，它能够防止系统管理员在未被监视的情况下篡改数据库中的数据。

系统管理员虽然可以篡改数据库中的数据，但存储日志的系统很可能由其他系统管理员拥有和管理。这样一来，任何一个系统管理员篡改数据的行为都会被阻止。但是分离机制虽然可以起到一定的作用，但并没有把数据的不可变性放在一个首要位置。而区块链的共识机制则避免了这样的问题，其不可变性主要体现在以下三个方面，如图 1-8 所示。

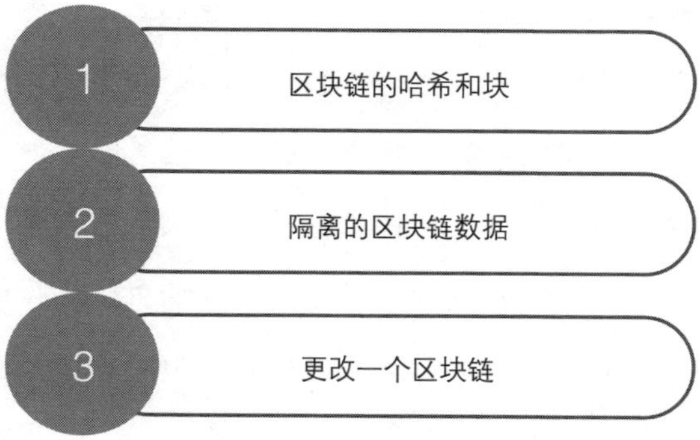

图 1-8　区块链共识机制的不可变性

1. 区块链的哈希和块

从本质上来讲，区块链其实就是一个大的数据库，且具有一些事先商定好的技术和业务逻辑标准。通过点对点协议和相关数据规则，区块链不仅可以实现数据之间的同步，还可以保证这些数据不被篡改。这里所说的不被篡改涉及了以下两个关键理念：

（1）哈希（也称散列）

在区块链中，保证数据不被篡改主要得益于哈希函数和非对称加密，两者均属于密码学的范畴。非对称加密在前文已经有所介绍，哈希函数也在前文中有所涉及，此处就这两点是如何保证数据不可篡改的作一个补充说明。

在哈希函数中，Y=H（X），在有 X 的情况下很容易推算出 Y，但在有 Y 的情况下不能算出 X，同时只有 Y 也不能找到另一个 X’以使 H（X’）= Y 成立。此外，即使 X 和 X’差距很小，那么 H（X）和 H（X’）也完全没有关系。

以上是哈希函数具有的几个特性。哈希函数主要被用来验证信息的完整性，具体如何用哈希函数来保证数据不被篡改，我们可以观察其在非对称加密中的应用过程：

非对称加密和对称加密一样，都可用在信息加密上，除此之外，身份验证也是非对称加密的一个应用方面。非对称加密中的私钥只有用户本人拥有，一个人对应一把唯一的私钥，当发信者发送某一信息时，就可以对该信息进行哈希运算，运算完成后再对其私钥进行加密。收信者收到信息后就可以对该信息进行哈希运算，运算完成后再对与之对应的公钥进行解密，将解密出来的哈希值与加密时的哈希值进行对比，如果两个哈希值一样，那么就表示该信息的确是由本人发送出来且没有经过任何篡改。

（2）块

在被添加到区块链数据库之前，交易都是被捆绑起来的，呈现出“块”的形态。这些块中都存储着非常重要的数据，例如，比特币交易信息、前一个块的哈希值等。因为每个块中都包含前一个块的哈希值，而且最终会形成一个块链，所以与在书账中使用页面编号分类相比，使用块创建分类交易账要更加合适。

例如，某本书账是用 1、2、3、4、5……进行编号的，这样就非常容易把编号为 30 的那一页撕掉，用交易非常相似且编号也为 30 的一页代替，而且该书账中第 29 ～ 31 页还是之前的第 29 ～ 31 页，其完整性不会受到任何影响。

区块链就会引用块号的哈希值引用块，而不会直接引用块号，不仅如此，每个块还会对其正在用于构建的哈希进行明确指定，比如哈希值为 66a045b45 的块 (使用哈希值 a2c064616 构建块)，后面是哈希值为 8939a3c35 的块 (使用哈希值 66a045b45 构建块)，后面是哈希值为 a41f02e92 的块 (使用哈希值 8939a3c35 构建块)……

所以，块不是根据与内容无关的编号系统进行隐式排序，而是通过引用前一个块的哈希值进行显式排序。关键点有三个：每个块指向的并不是具有连续性的数字，而是前一个块的哈希值；每个块的内容是其哈希值的唯一来源；在内部，区块链的所有数据都是一致的。第三点也表明在检查的过程中，如果发现哈希值和数据匹配不上的现象，那中间一定存在某些篡改行为。

2. 隔离的区块链数据

在介绍这一部分之前，应该先考虑以下几个问题：如果把区块链复制到一个内存为 55GB 的 U 盘中会出现什么样的情况？在将其传递给接收者之前，提供者可以进行怎样的处理？可以在神不知鬼不觉的情况下篡改其中的数据吗？区块链中包含着大量的区块（400000 个左右），如果有人为了逃避付款而试图从中移除一笔交易，又会发生什么样的后果？

（1）块的散列失败

在接收到存储着区块链的 U 盘之后，接收者可以做的第一件事就是在块数据的基础上，对所有块的哈希值进行重新计算，以此来验证哈希值与每个块的内容是否一致。如果不一致，就表示交易信息不能与块的哈希值相匹配，同时也就意味着块已经被篡改。这样一来，接收者就可以清楚地知道自己收到的数据是不是正确且完整。

（2）破坏整条链

前一个块的哈希值都会包含在下一个块中，所以如果前一个块的哈希值发生了变化，那么这个块就会把已经不存在的块的哈希值给引用过来（例如块 200001 引用了已经发生变化的块 200000 的旧哈希值），从而导致区块链的破裂。

（3）区块链不好重建

一般情况下，类似比特币这样的证明工作区块链，都会存在一个共同的难题——“挖矿”困难。对于比特币而言，要想被认为是有效的，那就必须遵循某个极为严格的模式——目标数必须要大于哈希值，简单来说就是“从一定数量的零开始”。

因此，要想重建区块链的话，除了需要对块的哈希值进行重新计算以外，还必须保证目标数要大于重新计算出来的哈希值。也就是说，在找到小于目标数的哈希值之前，必须要对块内容的随机数进行重复调整，还要对块进行重新挖掘，这就需要执行者具备一些非常关键的计算能力。

在重新挖掘整个区块链的时候，执行者必须要从发生变化的那一个块开始进行。鉴于需要完成大量的计算工作才可以生成满足条件的有效哈希，所以其间难免会出现问题。除此以外，区块链中发生变化的区块越多，需要重新“挖矿”的块就越多，工作量也就越大，所需的时间也就越长。

一般情况下，私人区块链的块添加机制是有所不同的。具体来讲，在私人区块链中添加块不需要大量的证明工作，而是采取随机循环的方式，并且块添加者必须在每个块中留下数字签名。另外，要想区块链有效而且可以被接受的话，签署就必须要由一组有定义的执行者参与，也就是说，为了重新创建区块链，执行者必须得到其他块添加者的密钥，但是对于工作量证明的哈希而言，得到这些密钥并没有那么简单。

如果执行者完成了上述工作的话，那 U 盘上的数据就会在内部保持一致，从而成为一个看似有效的区块链。但是如果面对的是具有多个副本的监管机构，那这样的区块链就不会产生任何效果。

以上内容只适用于将 U 盘上的数据当作唯一版本的监管机构，如果监管机构有其他副本，那只需要检查副本中最近区块的哈希值或者任意一个数字，若发现和 U 盘中对应的哈希值或数字不一致的话，就可以在第一时间察觉到数据已经发生了某些变化。所以，创建虚假区块链是一件非常不容易的事情。

3. 更改一个区块链

对于大多数区块链来说，共识的基础都是“最长链”规则，那么何谓“最长链”规则？从广义上讲，如果将多条具有极强竞争力的有效链摆在一个参与者面前，那么他会更愿意相信包含着更多块的那一条。也就是说，如果现在一共有两个具有竞争关系的区块链：已经被修正过的短区块链和没有被修正过的长有效链，在“最长链”规则的影响下，参与者肯定会更相信后者。

在这种情况下，如果要让参与者相信已经被修正过的区块链，就需要将其打造的比没有被修正过的长有效链更长，而这就需要借助其他块添加者的私钥或者强大的计算能力。但是即使通过某些努力做到了这一点，或者在技术层面上这个新链条已经是有效的了，也有可能会受到调查，因为监管机构会猜测是否有哪个块重新组织后形成的链要长于其他区块链。

综上所述，在“离线”区块链中更改数据不是一件容易的事情，在实时区块链中更改数据难度更大。

另外，除了区块链不可变以外，区块链中的数据也是不可变的。如果有人试图对某些数据进行篡改的话，那他的企图很容易就会被监管机构监测到。因此，在保证数据的安全性和完整性方面，区块链中的共识机制确实可以发挥非常重要的作用，也可以达到期望的良好效果。

1.4 智能合约

1994 年，计算机加密大师尼克•萨博首次提出了智能合约（Smart contract）的概念。智能合约是一个预先设定好的程序代码，可以自动执行合约条款。那些没有第三方中介的交易也能够在智能合约中进行，而且这些交易会被赋予不可逆和可追踪的特性。相较于传统的合约交易，智能合约不仅可以提高交易的安全性，还能降低交易成本。

1.4.1 同步触发与执行

智能合约是一个预先设定好的程序代码，这种代码可以自动执行指定的合约中的条款。在执行合约的过程中，智能合约几乎不使用中间媒介，这可以在最大程度上减少意外的发生。

如今，智能合约已经被广泛使用。例如 POS 机、银行卡、城市卡等生活用卡都包含着智能合约，在执行条款的软件或者硬件中，可以嵌入各种类型的合同条款。通过这种智能合约，那些不守信用、违背合同条款的人就会付出高额的违约成本。

例如，自动贩卖机可以说是智能合约的早期应用雏形，通过一个简单的运算机制形成了最初的计算机智能，从而令贩卖机可以自动地贩卖商品。自动贩卖机体现的是一种搬运合约，即用户只需拥有足够的现金就可以和供应商进行交易，由贩卖机的其他安全机制来保证内部存放的硬币和货物不被破坏。满足以上条件的自动贩卖机就可以被部署在各个区域进行商品贩卖。

在商业活动中，智能合约的应用也很广泛，比如大型线上零售商可能运行着一个合约系统，通过这个系统，他们可以检查从快递公司收到的账单是否有错误，以及拟定的打折计划是否在顺利进行。再比如杂货商和供应商在打折问题上往往需要制定非常复杂的合约，因为打折的力度与许多因素相关联。

传统的合约运行存在一个问题，即合约的双方无法相互信任，所以他们必须各自运行一套计算系统或记账系统，以计算自己在合约中拥有的价值比重。但这种方式由于包含对账、调账等多个环节，所以其过程非常烦琐，并且还会造成计算机资源的浪费。

智能合约就不存在这一问题，因为智能合约以数字为主导来控制有价值的各类资产，它所涉及的资产是一种动态的资产。对于这些资产，利用智能合约将会更方便地实现跟踪和审计。

在双方决定拟定一份智能合约时，双方可以对合约的代码进行仔细地检查或者互相测试，直到确认代码无误且不存在恶意漏洞后，再在智能合约上签字并将其部署到账本上，然后这个智能合约就能执行合约内容。合约的执行过程是机械性的，不随着人的意志而转移。所以，只要双方签订了智能合约，就不用担心会出现传统合约中可能出现的一方毁约的问题，因为智能合约已经自动生成了契约信任。

由于区块链技术的诞生，在P2P商业模式下建立起一个具有高透明度和高真实性的管理体系就有了希望，分享经济也逐渐成为时代的大趋势。通过智能合约，人们就能实现商品上"共享"，智能合约不仅能做到资金的转移，还能让物联网拥有"思想"的能力。一辆汽车、一个门锁……都是物联网的组成部分，它们都可以与智能合约相结合。

德国Slock.it企业的商业模式就是基于智能合约的原理，该企业将智能锁和智能合约相结合，试图创造出这样的一种场景：屋主发布住房的租金，租户通过智能手机向屋主支付房租。在房门上装有智能锁，该智能锁可以和互联网相连接，屋主借助房屋内置的计算机获取到租户入住的信息后，就可以利用智能手机对房屋进行解锁，然后房屋的大门就可以被打开。

以上场景就属于智能合约的应用范畴，即使目前智能合约还处于初始阶段，但是可以看到智能合约的发展潜力是无穷的。可以预想，智能合约将会改变我们现有的合约体系，并且有望解决当下困扰社会的信任问题。

智能合约的自动化可以简化交易的过程，即自动生成契约信任。例如，在股票交易所使用的智能合约。在满足智能合约设定的执行条件后，只要某只股票达到预计价格后，智能合约就能自动进行股票的买卖。

传统合约非常低效的原因在于传统合约条件的触发和执行是不同步的，换言之，当人们发现事实已经满足合约执行条件的时候，才会去人工触发合约执行。但智能合约就能够将合约条件的触发和执行合并起来，让合约执行的过程更加高效。

例如，户主要将自己的汽车出租给租客时，双方可以先签署一份智能合约，在该智能合约上标注上汽车的归还时间。如果在规定的时间内租客不对汽车进行续费的话，那么这辆汽车的密钥就会自动失效。也就是说，租客无法再继续使用这辆汽车。由于该智能合约的执行过程是完全自动的，所以就不用担心在合约到期的时候出现租客拖欠租金或者不归还汽车的情况。

若上述例子的合约是以传统合约的形式来拟定的话，若是租客恶意拖欠租金甚至是私吞汽车的情况，户主就只能依靠法律的途径来进行维权，而且这个维权过程将会十分烦琐且收效甚微。使用智能合约就可以规避这个信用风险，因为智能合约的条件触发和执行是同步的，可以自动生成契约信任，这种去中心化的信任环境可以有效保证我们的权益不受损害。

虽然也有处理类似交易的服务，但这些服务往往要收取费用。由于智能合约是一个所有人都可以使用的去中心化系统，在执行智能合约的过程中并不需要其他任何中介机构的参与，所以也就免去了中介机构的费用。

还有一个常见的例子，用户在网上购买某些商品的时候，可能并不想直接付款，而是想要等卖家发货时才支付货款，在这个时候双方就可以通过拟定智能合约的方式来执行付款行为。买家可以借助智能合约来查询快递的物流数据，在智能合约确定购买的商品已经发往收货地点后，货款才会支付给卖家。

尽管智能合约拥有自动生成契约信任等优点，但也不可避免地具有一些局限性。由于智能合约是以数字为媒介来执行条款的，所以当面临物物交易时，智能合约就丧失了执行力。此外，不是所有事件都可以通过合约的形式表现出来，比如带有主观因素的事件就很难使用智能合约去判断其执行条件。智能合约的局限性大致有以下三种，如图 1-9 所示。

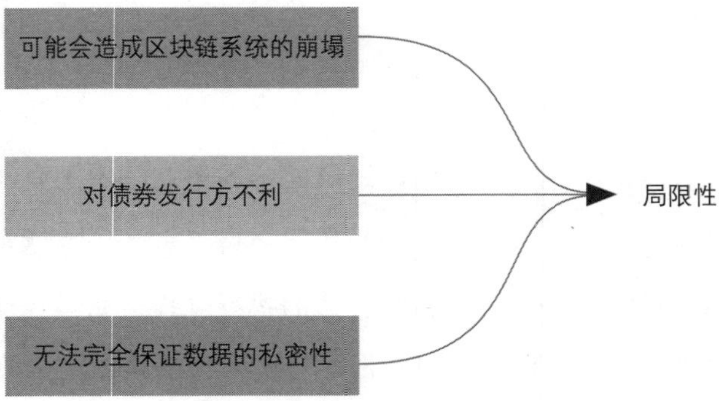

图 1-9　智能合约的三点局限性

1. 智能合约也是一种区块链系统。区块链是依靠共识机制来运行的，各个节点具有独立的执行能力。当数据来源于区块链的外部时，每个节点所接收到的信息并不一定是统一的，当各个节点从数据源取得的信息不同时，区块链特有的共识系统就会被打破，就很有可能会造成整个区块链的崩塌。

2. 智能合约在理论上可以处理风险问题和回报问题，但是从金融角度上来看，一旦智能合约被应用在债券上，那么就意味着债券失去了投资风险，这显然是债券的发行方不愿意见到的场景。

3. 智能合约是在区块链的基础上建立起来的，智能合约上的每一个数据都被存储在区块链的数据库中，具有高透明度和公开性。但这种高透明度和公开性也意味着任何人都可以从中轻易地获取到数据信息，因此在某种程度上，智能合约无法完全保证数据的私密性。

1.4.2　智能合约如何工作

即使尼克·萨博很早就提出了智能合约的工作原理，但智能合约在很长的一段时间里都没有发展起来，其中一个重要原因就是在当时并没有可以支持编程智能合约的系统和技术。直到区块链技术的出现，智能合约的这个问题才被解决。

区块链技术相较于传统技术而言具有独特的优势。智能合约在具有独特优势的区块链技术的支持下，不但可以充分提高合约执行的效率，而且还可以避免恶意行为对合约执行的干扰。智能合约由于以区块链技术为基础，区块链的数据库中存有智能合约上的每一个数据信息，这些数据信息均公开透明且不可篡改。

对于从事区块链技术工作人员来说，智能合约指的就是区块链代码。然而，当前智能合约通常被用来指代那些存储在区块链上并且在区块链上执行的程序。之所以将这样的程序称为智能合约，是因为其承载着关乎用户资产的一些重要数据信息。

以区块链技术为基础的智能合约大致分为三种，分别为“智能合约代码”“智能法律合同”“智能替代合约”，如图 1-10 所示。

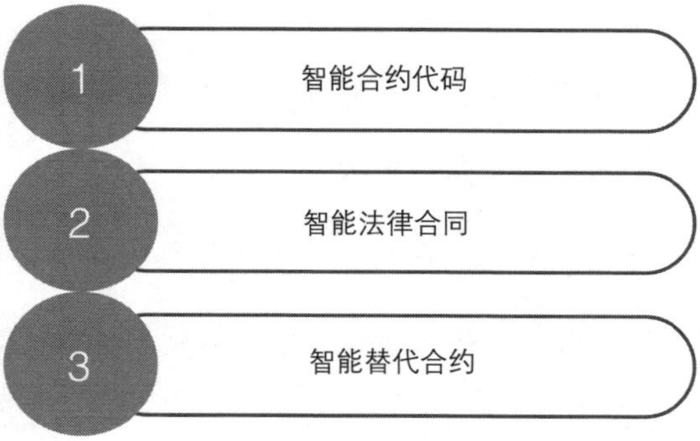

图 1-10　智能合约的三种类型

第一种，“智能合约代码”。这种智能合约就是经常提到的区块链代码。

第二种，“智能法律合同”。这种智能合约就是一种特定的应用。该特定应用指代那些基于区块链的智能合约，例如现有的法律合同可以被区块链技术补充甚至替代，这样就可以将法律合同与智能合同整合起来。

第三种，“智能替代合约”。这种智能合约就是把那些具有商业价值的合约以智能合约代码的形式呈现出来。

智能合约系统由事务处理机制、数据保存机制和一个完备的状态机组成。其中状态机负责接收和处理智能合约，事务处理机制主要指一些需要发送的数据，数据保存机制指事务的保存和处理都需要在区块链上完成。

当智能合约系统接收到事件和事务信息后，智能合约就会更新自身的资源状态，激活状态机对接收到的事件和事务进行判断。若经过判断后，事件和事务均满足状态机中某个动作的执行条件，那么状态机就会根据智能合约中的条款自动执行合约。

智能合约系统通过判断事件中所包含的触发条件是否满足执行条件来执行合约。只要触发条件满足智能合约的系统设定，该智能合约就能够自动地执行。智能合约系统的核心就在于虽然事件和事务都已经经过了智能合约的处理，但输出时，其内容仍然是一组事件和事务，也就是说智能合约系统并不对智能合约本身进行干预，包括不修改或者生成新的数据内容，而只是一个对事件和事务进行保存和处理的系统。

总而言之，智能合约的主要作用就是将一组数字化的承诺按照制定者的意愿进行正确的执行。智能合约构建和执行主要分为三步，如图 1-11 所示。

第一步	在多方用户的共同努力下制定出一份智能合约
第二步	制定出一份智能合约需要多个用户共同进行商讨，商定出一份承诺
第三步	合约以P2P网络为媒介进行扩散，并将数据存储进区块链

图 1-11　智能合约构建和执行的主要步骤

第一步，在多方用户的共同努力下制定出一份智能合约。这里的用户特指那些已经在区块链上完成注册的用户。用户一旦完成注册，区块链就会分给用户一对密钥，即一个公钥和一个私钥。公钥代表着用户的区块链地址，私钥则具有私密性，不对外公开，是用户本人进行账号操纵的唯一钥匙。

第二步，制定出一份智能合约需要多个用户共同进行商讨，商定出一份承诺。这份承诺需要包括双方的权利以及义务，然后这些权利与义务就会被转换成一种数字化的形式，让智能合约执行。参与者需要用各自的私钥在该份承诺上签名，签名的作用就是为了确保智能合约具有有效性。完成签名后，智能合约就会根据合约中承诺的内容，将这些数据信息记录到区块链网络中去。

第三步，合约以 P2P 网络为媒介进行扩散，并将数据存储进区块链。智能合约是以 P2P 网络为媒介在区块链网络中进行扩散的，区块链中的每个节点就都会接收到一份智能合约。当验证节点接收到智能合约后，会先将合约保存在内存中，等到下一轮共识时再与合约达成共识和处理。

当下一轮共识开始时，在最近一段时间里保存的智能合约就都会被验证节点打包成一个智能合约集合，对其进行哈希运算，算出该智能合约集合的哈希值。之后将这些哈希值构成一个区块结构，让其在区块链网络中扩散开来。当这个区块结构被其他验证节点接收后，验证节点就会将区块中包含的哈希值取出来，将其和保存在自身内存中的智能合约集合的哈希值进行比对。

然后，验证节点就会把通过自己认可的智能合约集合发送给其他的验证节点，不断重复这样的发送和比对，可以使得区块链网络中的所有验证节点都能在规定的时间里和新的智能合约集合保持一致。

新生成的智能合约集合会以区块的形式扩散到区块链网络，每个区块都由以下几种信息组成：本区块的哈希值、之前区块的哈希值、达成共识的时间标记和其他信息，如图 1-12 所示。验证节点只要接收到智能合约集合，就会对合约进行验证，通过了验证的合约才能被写入区块链中。验证节点主要验证智能合约参与者的密钥签名是否与其账户一致。

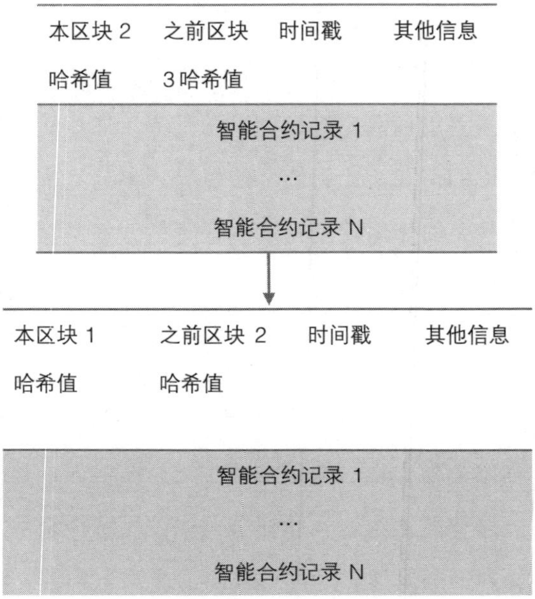

图 1-12　合约区块链示意图

智能合约能够对自动机的状态进行定期检查，检查的内容是每个智能合约中包含的状态机、事务和合约执行的触发条件。满足条件的事务会被推送到没有验证的队列中，等待下一次共识，而那些没有满足条件的事务则会被继续存储在区块链上。

当事务进入新的一轮验证时，事务就会被扩散到区块链网络的每一个验证节点上。验证节点首先会对签名进行验证，从而保证事务的有效性。事务通过验证后就会进入等待共识的集合中，直到多数的验证节点都达成了共识，便意味着该智能合约就会被成功地执行，而这个结果也会同时被发送给用户。

当事务被成功执行之后，智能合约系统中的状态机就能判断智能合约的状态。当智能合约中的所有事务都被顺利执行后，状态机就会将合约标记为

“完成”，并且在最新的区块当中将该智能合约移除。其他被标为“进行中”的智能合约则继续被存储在最新的区块中，在队列中等待下一轮的处理。在智能合约系统中，所有的事务和状态的处理都是由智能合约自动完成的，并且这整个过程都是高度透明和不可篡改的。

第 2 章

区块链金融，后互联网时代格局重塑

区块链技术在金融领域的应用，其特殊的分布式结构以及去中心化的信任机制的建立为解决金融领域的痛点提供了一条新的道路。业务上，区块链技术创新了金融体系的运作模式，加速了金融领域的创新进程。技术上，区块链技术完成了分布式协议与数据共享，推动了新兴金融商业模式的发展。管理上，区块链技术在金融领域的应用，构建了一个全新且稳固的信任生态体系，使金融交易得以保障。

区块链技术在金融领域有广泛的应用前景。例如，在传统金融服务、众筹等互联网金融创新、强化金融监管、打击非法集资等领域，区块链技术都可在其中大展身手，区块链技术正逐步成为互联网金融的关键基础设施。这些趋势都表明，一个新的时代即将到来，金融业正在逐步进入区块链时代。

2.1 区块链技术在金融领域前景分析

区块链技术在金融领域有着广阔的发展前景。国外的Facebook、微软以及国内的腾讯、美团等互联网巨头，都在实践中应用了区块链技术，这让我们对于区块链技术在金融领域的发展充满信心。

当下，人们对于这一新趋势高度关注，并期望通过区块链的引入提升自身公司的创新水平和竞争实力。本小节就为大家分析一下区块链金融的发展前景。

2.1.1 区块链金融规模数据分析

自比特币开始应用区块链技术以后，区块链技术的应用就产生了巨大的反响。区块链技术利用去中心化的信任机制的建立，展现出独特的技术优势，迅速发展成为一种备受追捧的技术工具，开始在不同地区、不同行业中得到广泛应用。

区块链技术进入金融领域以后，其发展势头迅猛，由于它可以解决传统行业的痛点问题，构建了新的商业合作模式，提高了经济效率和效益等诸多优势，区块链金融发展前景必然广阔，应用范围也更广泛，区块链金融规模的巨大表现在两个方面，一方面是许多国家都对区块链金融持积极友好的态度，使区块链金融得以在世界范围内广泛发展，具体表现如下：

1. 中国。近年来，中国的互联网金融取得了可喜的进步，为区块链技术的发展建立了良好的基础，中国政府支持区块链金融的发展，并对其进行监督。

2. 欧洲。欧洲在金融领域也引进了区块链技术，在伦敦、巴塞罗那等城市集中了一批区块链金融的初创公司。

3. 美国。美国对整个区块链金融市场的影响很大，研究数据表明，在全球区块链公司获得的近 20 亿美元的融资中，美国占比 60% 以上。

在各国政府的积极支持下，区块链金融在全球范围内快速发展，展现出强大的生命力。华尔街各投行就对区块链金融十分偏爱，比特币作为区块链技术的应用者之一，其良好的发展态势让华尔街巨头们看到了隐藏在其中的巨大商机。

区块链金融除了在世界各地有广泛的发展之外，区块链金融的应用范围也很广泛，在应用上主要表现为：区块链 + 清算与结算、区块链 + 跨境支付、区块链 + 数字票据、区块链 + 供应链金融、区块链 + 资产证券化 ABS、区块链 + 征信、区块链 + 资产托管、区块链 + 反洗钱与反欺诈、区块链 + 保险等。

区块链金融已成为当今金融领域发展的新潮流，它在世界范围内的实践与应用，它在金融领域各个方面的应用，无一不表明了区域链金融的发展规模是巨大的，并且这个规模是一个持续发展的过程，在其强大的生命力以及广阔的发展前景下，其发展规模一定会越来越大。

2.1.2　国内资本市场区块链发展现状

近些年来，以比特币为代表的数字货币受到各国关注，各国政府纷纷采取行动。中国人民银行（以下简称央行）率先表示将争取早日发行央行数字货币，并且明确指出基于区块链技术的数字货币有望实现去中心化结算。通过央行的表态可以看出，央行对区块链技术有着客观、深刻地理解，而且肯定了区块链技术比现有的电子货币优势更大。

此前，大家担心政府监管部门不会认可区块链，阻碍区块链的推广，此次表态打消了市场疑虑。与此同时，资本市场对区块链的认可度将会进一步提升。

数字货币是应用互联网新技术构建全新的货币体系下的货币，这必将对传统的货币发行、货币政策、清算体系、金融体系等产生极其深远的影响。同时，新的货币体系与传统货币体系、新的金融体系与传统金融体系如何平稳过渡仍然值得关注。

如今，央行推动的区块链数字票据交易平台已经测试成功，其旗下的数字货币研究所也正式挂牌成立。这意味着央行将成为全球范围内首个研究数字货币及真实应用的中央银行，并率先探索了区块链技术在货币发行领域的应用。

那么，央行建立区块链数字票据交易平台对我们的现实生活有什么影响吗？答案是肯定的，大家可以想象一下：就在不远的将来，我们过年发红包不再是纸质钞票，而是一串串的数字密码。我们可以通过发送邮件、复制到U盘里或者通过手机直接发送给别人。

你或许会问，这跟用微信、支付宝发红包不是一样吗？需要明确的是，数字货币与电子支付方式的感受类似，但是微信、支付宝等电子支付方式交易时所用的钱都是通过银行账户而来，也就是说即便用支付宝、微信交易，我们使用的依然是银行里的钞票。而数字货币本身就是一种具有支付和流通属性的货币，交易时不需要支付宝、微信等第三方中介。

央行为什么要开发数字货币？为什么将票据市场作为数字货币的第一个试点应用场景？区块链靠谱吗？这些问题现在已经有了答案。

具体来说，区别于已有的电子形式的本位币，安全芯片、移动支付、可信可控云计算、区块链、密码算法等技术是将来数字货币可能涉及的领域。所以，未来的央行数字货币会从多个方面倒逼金融基础设施建设，让我国支付体系进一步完善，支付结算效率进一步提升。更值得一提的是，央行数字货币最后可以构成大数据系统，让经济交易活动的便利性和透明度进一步提高，这将有利于货币政策的有效运行和传导。

总的来说，央行开发数字货币有以下四个好处，如图 2-1 所示。

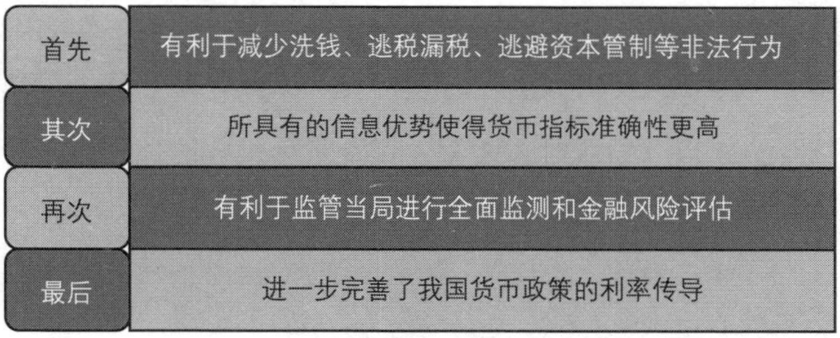

图 2-1　央行开发数字货币的四个好处

首先，数字货币有利于监管当局追踪资金流向，减少洗钱、逃税漏税、逃避资本管制等非法行为。现有的数字货币技术不仅可以记录每笔交易，还可以追踪资金流向。与私人数字货币截然相反，监管当局可以采取可控匿名机制，掌握央行数字货币使用情况，补充现有的监测控制体系，从而增强现有制度的有效性。

其次，数字货币所具有的信息优势使得货币指标准确性更高。央行数字货币形成的大数据系统，不仅有利于提升货币流通速度的可测量度，还有利于更好地计算货币总量、分析货币结构，这将进一步丰富货币指标体系并提高其准确性。

再次，数字货币有利于监管当局进行全面监测和评估金融风险。央行数字货币被全社会普遍接受并使用后，整体的经济活动的透明度会大幅度提高，监管当局可以根据不同的需要收集不同机构、不同频率的完整、实时、真实的交易账簿，这就可以为货币政策和宏观审慎政策提供庞大的数据基础。

最后，数字货币技术进一步完善了我国货币政策的利率传导。只有被全社会广泛认可的央行数字货币才可以把此优势辐射到不同的金融市场参与者，进而提升不同金融市场间的资金流动性和单个金融市场的市场流动性。这将降低整个金融体系的利率水平，使利率期限结构更平滑，货币政策利率传导机制更顺畅。

综上所述，中国央行开发数字货币的目的不仅仅是取代纸币现金流通，还为了适应形势发展、紧跟时代潮流，保留货币主权的控制力，对货币发行和货币政策产生积极的服务作用。

2.1.3 区块链技术的金融应用案例分析

高盛集团（Goldman Sachs）是华尔街顶级投行之一，总部在美国纽约。作为世界财富 500 强企业之一，高盛的业务范围涵盖投资银行、证券交易和财富管理。高盛在我国香港设有分部，并分别在美国、亚太和欧洲等多个国家和地区设有办事处。

高盛发布的报告显示，区块链技术已经做好准备要颠覆这个世界。此前，高盛已经和中国 IDG 资本联手向区块链创业公司 Circle Internet Financial 投资 5000 万美元。随后，高盛发布《区块链：将理论应用于实践》报告，详细说明了区块链将如何在金融服务、共享经济以及房地产等领域大显身手。

作为比特币的底层技术，区块链对传统技术的突破在于建立了以 P2P 为基础的去中心化新体系。区块链系统的去中心化使得整个网络内的自证明功能成为现实，由中心化的第三方机构进行统一的账簿更新和验证已经成为过去。

业内人士称，比特币是区块链技术的第一个应用，其发展以及成熟证明了区块链通过去中心化和去信任的方式集体维护一个可靠数据库的方式是可行的。很多华尔街投行都对区块链技术表示相当看好，而高盛只是其中之一。

在《区块链：将理论应用于实践》报告中，高盛开篇称："关于区块链技术的讨论，在过去一直都是抽象的，关注的焦点也都是市场去中心化以及去第三方中介的机会，现在我们将关注重点从理论转向实践，研究区块链技术在现实世界中的应用场景。"高盛关注的区块链应用有五个，分别是构建信用体系、实现分布式供电网络、降低房地产交易成本、提高股票交易结算和清算效率、用于客户身份核验。

除了高盛以外，华尔街其他顶级投行也纷纷向区块链技术抛出橄榄枝。摩根大通前高管、信用违约互换（CDS）之母布莱斯·马斯特斯（Blythe Masters）加入数字货币公司 Digital Asset Holdings，出任 CEO；而包括纳斯达克、花旗、Visa 在内的金融行业大佬也向区块链领域大把砸钱，它们联合投资了一家区块链初创公司 Chain，涉及金额高达 3000 万美元；花旗、摩根大通等顶级投行还向区块链初创公司 Digital Asset Holdings 投资 5000 万美元。

华尔街投行为何对区块链技术趋之若鹜呢？因为它们正经历着主业萎缩的艰难时刻。主营业务萎缩带来的负面影响就是必须通过大规模裁员以缩减成本，在这种情况下，华尔街投行都试图通过区块链带来的机遇进行自我拯救。

如今，高盛、摩根大通、花旗银行、纳斯达克、瑞银集团、桑坦德银行、巴克莱银行、德勤会计师事务所等都成立了区块链技术实验室，布局这一领域。区块链技术的应用实验已在证券、银行、审计等行业陆续展开。

瑞银集团区块链技术实验室的PeterStephens（彼得·史蒂芬）称："瑞银集团在区块链上已试验了20多项金融应用，包括金融交易、支付结算和发行智能债券等。"瑞银的第一个实验是基于区块链技术的智能债券，接下来，瑞银将在积分卡项目推进区块链应用实验。

德勤亚太区投资管理行业合伙人秦谊表示："区块链技术解决了审计行业历来在满足公众要求、满足监管部门要求方面的难点，能够保证所有财政数据的完整性、永久性和不可更改性，帮助审计师实现实时审计，提高审计效率。"

另外，纳斯达克已经在私人市场启动了区块链技术在股票市场的应用测试。纳斯达克将会利用区块链技术处理私营公司股票交易的大量非正式系统，比如需要律师手动验证电子表格等。

2.2 区块链技术与资本市场

就目前的情况来看，区块链技术在金融领域的应用的确引领了金融发展的新风尚，比特币的成功实践、微软、腾讯的引入实践，都使得人们对区块链技术更加有信心，或许有人会计划在其中大展拳脚，但现实却远远没有那么乐观。

区块链技术毕竟处在初期发展阶段，自身仍旧存在许多隐患，这就对实践公司的实力提出了严格的要求，若公司想引入区块链技术，就必须充分了解区块链技术的风险，并掌握其应对措施。本小节就为大家讲解应用区块链技术的风险及应对措施。

2.2.1　区块链技术对资本市场的风险

虽说区块链技术正如火如荼地发展，但它毕竟也处于发展的起步阶段，应用成功的案例也并不是很多，再加上监管体系不完善、相关法律法规不健全、缺乏市场准入门槛等因素的存在，区块链金融面临的风险依旧很多，具体表现在以下几个方面，如图 2-2 所示。

图 2-2　区块链金融的风险

1. 跨界隐患

区块链金融本质上是技术与金融的结合体，而技术与金融的跨界对于监管部门的监管来说是巨大的挑战。例如在金融监管中，许多监管机构人员对金融业务并不是十分精通。另外，区块链金融会使金融业务融合，例如证券、银行、保险之间的相互融合关联，甚至智能合约都要与法律联合，多方面的跨界使得区块链技术在金融领域的应用十分复杂，这种复杂性就会带来各种各样的隐患。

2. 去中心隐患

当前金融体系是中心化的，例如只有一个货币发行单位就是央行，其他银行是不允许的，在每个城市当中，银行总部必然建在市中心的位置。这是金融机构实力的表现，同时也通过这种方式建立人们对于它的信心，这是传统金融机构发展的逻辑。

而区块链技术的突出特点就是去中心化，这就是一个很大的问题。当前监管是中心化的，只有一个央行和一个货币结算体系，另外是机构化的。盯着每一个机构，包括银行、证券、保险机构。但是，区块链是分布的、去中心的、有平台的，包括 BAT 的区块链中心都是建区块链平台，这无疑加大了中央机构的监管难度。

区块链技术去中心化的特殊模式在当前中心化的资本市场中，不论是在运作中还是在监管方面，都会有诸多隐患。

3．币圈风险

这个风险主要围绕币圈来讲，币圈有两大风险，一个是欺诈风险，另一个是技术风险。当前的区块链技术发展不成熟，例如，日本的一家区块链公司，很多货币被盗，引起了币圈的暴涨暴跌，这就违背了去中心化的思想。还有投票的机制设计和分叉，这种分叉风险也是巨大的，容易受到外部黑客的攻击和冲击，所以区块链技术至少在币圈还需要完善。

除此之外，反洗钱和恐怖融资风险依然是区块链技术的弱势所在。在区块链上，资金容易被转移，虽然交易信息被记录下来，但由于区块链技术的匿名性，使得客户真实身份识别难度增大，反洗钱和恐怖融资犯罪取证相对困难。

4．技术不成熟带来的风险

技术风险难以完全避免。区块链的交易规则都是由程序和语言控制的，技术性失误风险难以完全避免。当失误未被及时发现，单次失误的影响将被放大，且修复失误的成本也很高。

对于区块链金融的这些风险，大家一定要充分了解并引起重视，切不可被资本市场的表面现象迷惑，盲目跟风对公司造成巨大损失。

2.2.2　区块链技术管理风险分析

前面讲到了区块链技术应用到金融领域与当前的监管体系存在很多不匹配的问题，一定会存在风险，那么面对风险，企业或是监管机构又应如何？下面是防范风险的关键点。

1. 回归本源，明确定性和定位，穿透式监管，管理与协调配合

对监管机构来说，必须要明确区块链金融的定性和定位，监管与协调相融合，加强穿透式的、协调配合的监管方式。监管机构也要加强自身的技术建设，只有这样才可能更好地管理区块链金融。

2. 要对投资者进行适当的管理和保护

在监管机构对区块链金融进行管理时，要注意对投资者进行适当的管理与保护。在当前区块链技术火热的资本市场中，或许会有些投资者借此商机大发不义之财，这时就需要对这些不良投资者进行管理，维护资本市场的秩序。同时监管机构应出台一些有针对性的法律法规，保护投资者的利益。

3. 坚守数据安全，防范技术风险

区块链与技术关系比较紧密，对于数据安全和技术风险要引起高度关注和重视。企业在应用区块链技术时，要对此建立完善的监管体系，降低黑客袭击、资金被盗的风险性。

4. 鼓励企业要加强技术创新

区块链技术本身是没有风险的，其风险问题在于金融行业。因此，金融监管部门应适度鼓励和提倡技术方面的创新与应用，同时应着力规范部分企业使用区块链、利用区块链技术进行宣传的行为，防范其披着区块链技术的外衣从事所谓的“金融创新”，实际从事的却是违法违规经营的行为。

5. 企业要明确自身实力

虽说区块链金融是广大投资者和企业眼里的“香饽饽”，但并不是所有人都可以把它“吃”得下去的，前面我们讲过区块链技术的风险，这些风险就使得区块链金融的应用并不是一件易事，它对企业的实力有很高的要求。当下对其的监管体系也并不完善，缺少准入门槛，一些并不成熟的初创公司也在跃跃欲试，这是非常危险的。

企业若想引入区块链技术，必须有充足的技术、资金准备和承受风险的能力，只有准备充足，才会顺利推动区块链技术的发展。

在当前的资本市场中，区块链技术的发展并不充分，各方面都存在风险，但其发展前景是十分广阔的。这就需要监管机构、企业与投资者各方把握好区块链技术的发展过程，在挑战中寻求机遇与挑战。

第3章

区块链 + 清算与结算

各金融机构之间的清算与结算是金融机构的重要功能之一。在传统的交易模式中就是在交易中双方各自记账，在交易完成后，双方需要花费大量的时间及人力对账，且数据在人为记录中出错也是在所难免的。

而在金融机构的清算与结算之中引入区块链技术，就可以避免传统清算与结算方式中的弊端。在区块链上数据是分布式记录，每个节点都能获得所有的交易信息，一旦发现变更可通知全网，基本上杜绝了被篡改的可能性。并且交易和清算过程实时同步，交易过程的同时资金清算也就完成了，提高了资金结算、清算效率，大大降低了成本。本章就为大家详细讲解区块链技术在金融机构中的应用。

3.1 金融机构之间清算与结算困境

早前，因为各金融机构的基础设施与业务流程有很大不同，所以清算与结算的过程往往比较烦琐、耗时长、效率低，而且最后的结果也经常会造成人为差错。可以说，传统的清算与结算方式存在诸多弊端，金融机构应该对其进行优化和调整。

3.1.1 金融机构基础设施架构、业务流程各不相同

不同的金融机构基础设施架构、业务流程各不相同，这就使得双方之间的清算与结算并不能很好地衔接，业务流程的不同使得过程更为烦琐，程序众多，耗时长。

清算的过程通常为通过设置清算系统安全密码使用办法，生成清算密钥和更换密钥，接收和审查会计柜台传入的汇划清单等会计凭证，复核确认无误后上网发送，录入或接收会计柜台传来的查询和查复信息，监控清算设备运行状况、网络通信状况、相邻节点工作状态等，与有关部门联系，保证清算数据流畅等工作。

中国人民银行执行中央银行职能，各金融机构不能直接进行清算，而要以此为中介，通过中国人民银行进行结算。以清算过程为例，双方金融机构在清算时需要进行以下流程：如图 3-1 所示。

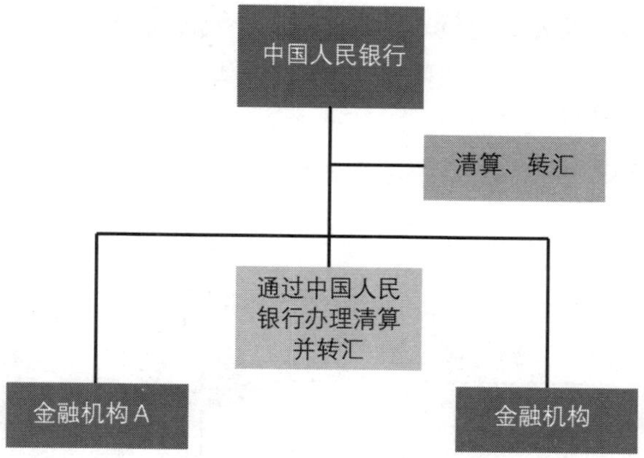

图 3-1　金融机构清算流程

在金融机构进行清算时，双方的交易需要通过中国人民银行进行清算并转汇，在进行清算的过程中，有两点需要注意：

1. 各金融机构之间的清算必须通过中国人民银行进行。

2. 各金融机构必须在人民银行存款账户留有足够的备付金，中国人民银行收到金融机构的汇划凭证时，如其存款不足以支付，应于一日之内补足，仍不能补足的，对不足部分退回凭证，不能在中国人民银行存款账户透支。

在中国人民银行收到清算请求并确保各方无误之后，便对双方的交易往来进行清算，这个过程是十分精细严密的。在清算完成以后，就可进行双方的结算了。结算是指将清算过程产生的待结算头寸分别在发起行、接收行进行相应的会计处理，完成资金转移，并通知收付双方的过程。清算是清偿债务的过程，结算是清偿债务的结果。

在进行清算与结算的过程中，由于程序烦琐且各金融机构的业务流程不同，整个过程是耗时长、效率低的，这是传统清算与结算方式的一个弊端。

3.1.2 人工处理环节过多，人力物力成本过高

在传统的金融机构清算之中，人工处理环节过多，人力物力成本也就过高，以银行的清算为例，需要经过众多环节、众多人力物力的支持，如图 3-2 所示。

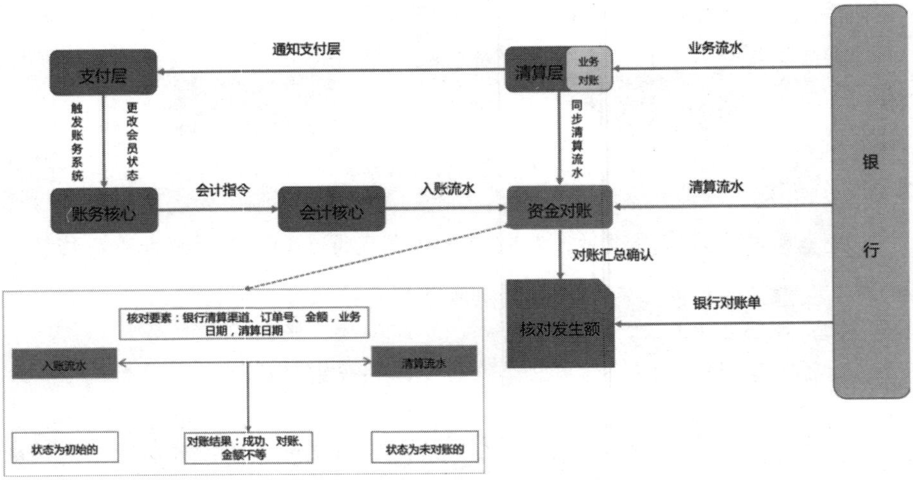

图 3-2 银行清算过程

如图 3-2 所示，在进行资金对账时，需要对银行业务、入账等流水进行清算，核对内容包括多种要素，例如，订单号、金融、业务日期、清算日期等。虽有会计软件等清算系统的帮助，但是在实际操作过程中，仍需要大量人工完成。

金融机构清算人工处理环节过多，会使人力物力成本增加，这主要表现在以下两个方面，如图 3-3 所示。

图 3-3　人工处理增加人力物力的表现

1. 人工处理成本高

金融机构清算人工处理环节过多，用人成本就会增加，这是金融机构清算成本增加的最直接因素。

2. 效率低下

金融机构清算人工处理环节过多，处理速度必然会慢，这是毋庸置疑的，由此导致的银行清算效率低下，也使得金融机构清算的成本增加。

金融机构清算成本高，是金融机构之间进行清算的难点之一，在这种情况下，寻找新的清算模式降低人工成本、提高效率就成为金融机构应该解决的重点。

3.1.3　双方两个账本，易造成人为差错

证券化海量数据的第三大难题是不易辨别，主要是因为虚假数据过多，混淆了那些真实的数据，可以从以下两个方面进行详细说明，如图 3-4 所示。

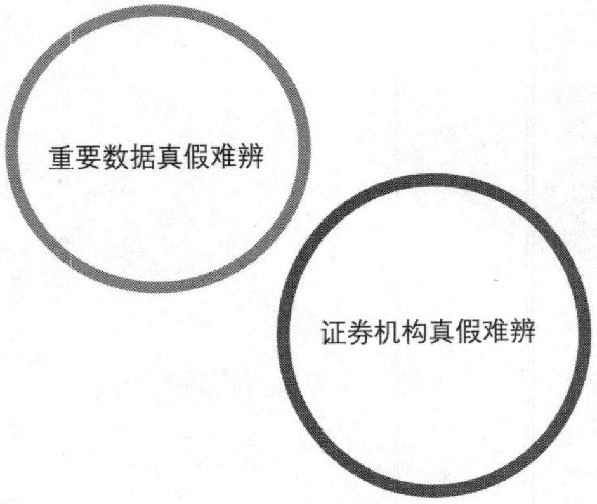

图 3-4 证券化海量数据不易辨别的原因

1. 重要数据真假难辨

某著名咨询企业曾公布了一些证券化数据，主要包括服务市场份额、交易信息等。然而这家咨询企业公布的数据与东方财富所掌握的数据出入颇大，尤其是市场份额方面的数据。

据东方财富提供的数据显示，××× 金融数据服务商在网上行情交易系统方面的收入为 2189.8 万元，而从某著名咨询企业公布的数据来看，××× 金融数据服务商的市场份额已经超过了 30%，在行业中排名第一。

专业人士仔细分析后发现，这组数据有很多有待商榷的地方，其中最突出的就是某著名咨询企业公布的超 30% 的市场份额数据。通过东方财富提供的数据可知，××× 金融数据服务商在网上行情交易系统方面的收入仅为 2000 万元，根本无法占据超 30% 的市场份额。如果按照这个比例进行推算的话，当年中国整个网上行情交易系统的市场规模大约为 7000 万元。相关人士调查发现，7000 万元的数据并不符合当年的实际市场份额。

由此看来，某著名咨询企业公布的数据并不具备真实性，如果这样的数据被其他机构或企业采用的话，很可能会产生非常严重的后果。所以在虚假数据越来越多的情况下，对证券化海量数据进行辨别就会成为一个大难题。

2. 证券机构真假难辨

除了重要数据真假难辨以外，证券机构也出现了真假难辨的情况。银河、广发、国泰君安、国信等知名证券机构就多次遭遇“分身”冒名顶替。这些“分身”通常会为自己取一个与正规证券机构相似或相同的名称。以财富证券的“分身”——上海财富证券为例进行说明。

除了名称以外，上海财富证券也在网站设计上下足了功夫，不仅有动态广告、滚动字幕等各种各样的形式，甚至还有“专家在线”这样的互动板块。就连财富证券内部员工看了以后都感叹设计得非常棒。

不仅如此，为了提高可信度和真实性，上海财富证券又准备了一系列“权威”资料，例如“权威专家”的个人信息及其成就、证券投资咨询业务资格证书、企业法人营业执照、工商注册信息、组织机构代码证等。

实际上，除了财富证券这样的大型证券机构容易有“分身”以外，一些小型的地域性证券机构也开始受到了“分身”的青睐。要知道，一旦这些“分身”将自己虚构的假证券数据散布出去，辨别数据的真假难度就会更大幅度的提高，而那些真实数据也会受到非常严重的影响。

虚假数据和虚假证券机构都要归于虚假之上，同时会对整个证券行业的风气产生不良影响，个人、证券机构、相关企业和社会都要为此付出努力，携手消灭证券市场中的虚假数据。

3.2 清算与结算应用

我们已经了解了金融机构传统清算与结算模式的弊端，区块链技术在清算与结算领域的应用可以很好地弥补其缺陷，可以有效地提高金融机构间清算与结算的效率。

本小节主要介绍区块链技术进入清算与结算领域之后，如何提高其效率，并通过具体的案例分析，让大家直观地了解区块链技术的优势。

3.2.1 建立有效信用，加快清算的速度

在证券交易系统当中，最为重要的一个核心就是清算。目前证券行业的清算效率并不高，甚至可以说是十分低下的，这也是各国金融市场共同面临的一大难题。

在清算过程中，账户信息随时都有可能发生变化。这样，不仅沟通和人工干预的成本会大幅度提高，还会增加额外的操作风险。另外，在这一过程中，证券交易所通常会使用大量不同种类的数据，耗费的时间也会比较长。

而区块链技术则可以在数学算法的基础上，通过技术背书将信用建立起来，从而缩短证券交易的时间，并加快清算的速度。基于这种优势，许多国家及地区的证券机构和证券交易所都在加大引入区块链技术的力度。澳大利亚证券交易所就是其中之一。

澳大利亚证券交易所在取缔现有清算和结算系统的同时，积极引入最新的区块链技术。针对这一情况，澳大利亚证券交易所方面表示，我们预见替

换 CHESS 系统是一个二十年才有一次的机会，我们正在考虑是否有更好的方法来完成这件事情——能削减大量来自投资银行和经纪后端的管理成本，而这正是非常有潜力的区块链能够做到的。

另外，澳大利亚证券交易所还与美国一家名为“数字资产控股公司”的区块链创业公司达成了协议，共同进行区块链技术的研究开发工作。澳大利亚证券交易所之前运行的是已经使用了几十年的电子附属登记系统，引入新系统以后，其开支减少了数千万美元。

可以看到，引入区块链技术可以使证券交易中的清算成本大幅度降低，更重要的是，还可以缩短证券交易的时间，降低证券交易的复杂程度。在这种情况下，证券交易就会变得更加便宜、迅速、简单，而这也是各大证券交易所看好区块链技术的关键原因之一。

澳大利亚证券交易所非常重视区块链这一新技术，而事实也证明，在区块链技术的助力下，其清算速度的确有了很大提升。

除了澳大利亚证券交易所外，高盛也开发出了用于证券交易清算的 SETLcoin 系统。相关数据还显示，引入区块链技术以后，终端用户每年的花费将会降低 40 亿～ 50 亿澳元。

由于区块链技术具有加密验证的功能，与集中式数据库相比，会更容易确认交易双方身份的真实性。在证券机构或证券交易所进行清算的过程中，区块链可以通过准确、及时、实际的方式自动建立信任，从而实现价值转移，同时还能促进交易资产向“智能合约”转化。

在这一过程中，点对点的清算也可以被更好地完成。完成点对点的清算后，不仅价值转移的成本会大幅度降低，清算速度会极大提升，投资者也会产生非常强大的信心。

可以看到，区块链技术正在不断简化清算流程，而且也在努力减少甚至消除交易失误，以便在实现净额清算的同时，能够最大限度地降低交易双方的信用风险，从而使资本市场的运行效率得以大幅度提高。

从目前的情况来看，中央集中托管清算似乎已经成为一个国际共识，而且正处于加速集中的状态。在清算过程中，如果采取具有去中心化特征的区块链技术，监管者就可以拥有更多的特权，例如处置特权、暂缓或拒绝交收已达成交易的特权等。

因为区块链采取的是分布式结构，所以难免会有多个“中心”，而且这些“中心”之间还有竞争性的合作关系。在这种情况下，效率和可靠性最高的“中心”就会逐渐成为整个结构中的“主中心”。

在“中心”和“主中心”的助力下，金融监管机构可以对各项证券交易进行有效地监督和控制，从而最大限度地降低全局性风险。这就表示，投资者能够拥有一个强有力的保障。

在引入区块链技术的过程中，如果证券交易所或证券机构采取准实时方式的话，就很可能会使清算变得不连续。这时，就可以先把相关业务（例如保证金、净额清算等）保留下来，主要目的就是最大限度地降低和避免交易双方可能面临的风险，还能够保护交易双方的隐私。在这种情况下，清算速度就会快得多，清算成本也会比之前低得多。

对于证券交易所和证券机构来说，采取保留相关业务的方式不仅有利于监管者进行合理、合法的风险管理和违规处理，从而使系统性、全局性风险得以降低和避免，还有利于区块链技术优势的充分发挥，所以必须要引起足够的重视。

3.2.2　实时同步，双方认可才能完成交易

1630 年，世界上第一家证券交易所正式诞生在阿姆斯特丹。当时的交易方式是证券实物交换，所以证券持有人或投资者想要进行证券交易的话，就必须把实物证券寄放在证券交易所当中。这样的交易方式使清算时间大幅度拉长，可能需要一个月的时间才可以清算出当天完成的交易。

之后，随着证券市场的不断发展，证券交易数量也大幅度增加，许多实物证券的交割都被搁置下来，没有办法及时完成。在这种情况下，专门服务于投资者和交易所的结算机构——证券公司就产生了，证券公司使交易和清算的效率得到了极大提升。

后来，随着电子计算机的逐渐普及，证券交易方式又发生了巨大变化——从以前的实物证券交易变成了较为先进的无纸化证券交易。非常明显，加入了电子计算机技术的证券交易不仅让交易效率有所提高，还使运营成本和人为出错率大幅度降低。

如今，随着区块链技术的渐趋盛行，运用区块链技术的证券交易的效率和准确性被提升到了一个更高的水平。

从投资者的角度来看，区块链技术的去中心化特征，可以使证券交易双方绕过中央登记结算机构、中央结算公司等第三方机构直接进行交易。这样一来，证券交易的效率就可以得到大幅度提升。另外，由于区块链上附着智能合约，当达到条件的时候，证券交易就可以绕过第三方自动执行，不仅可以实现交易双方之间的直接交易，还可以在加快交易速度的同时减少人为错误和运营风险。又因为区块链技术具有不可篡改的特性，所以证券交易流程的透明度以及交易过程的安全性也有了保障。

从证券机构的角度来看，在现有的中心化证券体系当中，只有投入了足

够的人力和物力，才可以保证市场各方可以获得对称的信息，才能体现出公平性。由于区块链技术具有去中心化的特征，因此每一个区块节点都可以拥有属于自己的市场账本。不仅如此，区块链的共识机制还可以为证券交易流程（从登记一直到结算）在整个市场中的同步更新提供保障，这也就表示，区块链上各个区块之间的信息始终是对称的。

而区块链技术具备的可追溯特征也可以最大限度地防止交易过程中的不良行为，例如，作弊、贪污等。但是对于证券机构而言，区块链技术也带来了部分不利影响，因为区块链技术虽然使运营维护成本大大降低，但也减少了某些方面的收入，例如手续费、清算费等。

由此看来，区块链技术虽然有很多方面的优势，但也不能表示这一技术就是十全十美的。在摩尔定律失效的影响下，硬件条件的升级速度要比之前慢了很多，已经跟不上数据增长的速度。

另外，虽然区块链技术大大缩短了证券交易的时间，但交易双方确认交易的时间依然不受控制，也就是说，在交易还没有正式确认之前，存储器必须要替交易双方保管大量的交易数据，而且这些数据都是会永远存在的。在这种情况下，区块链技术面临的难题就变成了如何使存储器的存储效率得到提高，以及如何降低存储器的能源消耗。

当然，除了上述两大难题以外，区块链技术面前还横亘着通信延迟这一座难以逾越的大山。在同步每个账本的数据时，区块链技术通常都会采用网络广播的方式，所以给每个账本发送交易信息就需要一定的时间。

如果遇到带宽资源紧张或者网络堵塞的情况，那么任何一个账本都可能无法及时收到这些交易信息，同时也会为黑客创造更多的可乘之机。由此来看，无论是证券机构还是区块链企业，都应该看到区块链技术的不足。弥补不足之后，才可以实现各自的目的，证券机构才能为证券交易双方提供更加便捷、迅速的服务。

3.2.3　两家银行微粒贷联合贷款的结算、清算案例解析

微众银行与华瑞银行共同开发区块链技术，用于彼此间微粒贷联合贷款的结算与清算。使得结算清算效率提高，成本也降低了许多。

作为著名的互联网银行，微众银行没有物理网点，业务模式也与其他商业银行有很大不同。相关资料显示，微众银行通过与其他银行联合放贷来经营业务，其资金有 80% 来自其他银行。因此，对于微众银行来说，与其他银行顺利进行资金结算非常重要。在这种情况下，微众银行决定通过使用区块链技术来进行银行间的贷款结算。

区块链清算结算系统的运作模式是非常方便的，合作银行只需要将部分关键信息录入相应的区块链中，微众银行则提供统一标准的操作系统及对账服务，交互接口也是标准化的。这时，合作银行要了解贷款详情，或者对交易过程的风险进行监控，通过这些标准化的数据就可以找到答案。

这样方便快捷的操作解放了银行的业务人员，降低了人工成本，同时区块链技术使得一切操作标准化，减少了人工操作造成的错漏，确保数据准确真实，也有利于银行的风险监控，确保贷款结算安全及时高效。

在这种模式的操作中，区块链技术发挥了重要的作用。区块链分布式账本技术、共识机制、不可篡改、可追溯等特点，在业务交易的过程中清算工作也在进行，节省了时间，提高了清算效率，同时节省了人力成本。

由于区块链技术加密算法的保护，信息变动时，对方能够及时收到变更提醒，系统同时会将变更信息发送至每一个区块链节点，全网共享交易信息，避免了信息被非法篡改。

第4章

区块链＋跨境支付

区块链技术逐渐被应用于金融领域的各个方面，其优势也在跨境支付中也得到了体现。

在国际贸易中，支付环节因为与结算风险有着密切相关的联系，所以始终是交易双方的一个重要关注点。而区块链技术如何在跨境支付领域发挥作用？本章就对此进行论述。

4.1 通过现状洞悉跨境支付

在对跨境支付进行论述之前，我们需要对当前的跨境支付方式现状有一个基本的了解。例如，当前世界上不同国家和地区所惯用的支付方式和流行的支付方式、传统跨境支付方式给企业带来的问题、第三方支付平台的发展情况等。

了解这些背景知识是分析区块链技术与跨境支付的前提，只有把握好这些内容，才能对区块链技术在跨境支付领域的发展有一个较为系统的理解。

4.1.1 每个国家和地区都有自己的支付方式

如今，网上购物越来越兴盛。在网络上，人们不仅可以买到本国、本地区的商品，还可以购买到其他国家和地区的商品。在这种情况下，跨境电商和跨境支付也就被催生出来。但由于国家和地区不同，人们在购物时使用的支付方式也有所区别。

1. 北美地区

在北美地区（主要指美国和加拿大），消费者比较习惯使用电子支付方式。邮件支付、网上支付、信用卡在线支付、PayPal 都是北美地区常用的支付方式。

美国的第三方支付服务公司一般都可处理威士（Visa）信用卡、万事达（MasterCard）信用卡、美国运通卡（American Express）以及大来卡（Diners）。

2. 欧洲地区

在欧洲地区，威士（Visa）、万事达（MasterCard）等国际卡以及一些当地卡，如 Maestro（英国）、Laser（爱尔兰）、Solo（英国）、Dankort（丹麦）、4B（西班牙）、Carte Bleue（法国）、CartaSi（意大利）都是欧洲地区常用的电子支付方式。

3. 中国

在中国内地，支付宝、微信钱包等是最为主流的支付平台。这些第三方支付平台集结了大部分的网上银行功能，使用非常便利。

在中国的香港、澳门、台湾地区，威士（Visa）和万事达（MasterCard）仍是最为常见的支付方式。不过近些年，港澳台地区已经开始和内地主流的第三方支付平台——支付宝合作。

4. 日本

信用卡付款和手机付款是日本最主要的支付方式。除威士（Visa）和万事达（MasterCard）以外，日本还拥有自己的信用卡组织——JCB，可以使用这些信用卡完成支付。近些年，日本也开始和支付宝进行合作，日本的软银电子支付已经和支付宝签订了合作协议，支付宝将向日本提供跨境在线支付服务。

5. 韩国

在韩国，网购市场十分发达，拥有众多购物平台，如 Auction、11ST、

Gmarket 等。然而虽然网购市场非常发达，但韩国的支付方式比较单一。威士（Visa）、万事达（MasterCard）以及 PayPal 都不是韩国主流的支付方式，其最主流的支付方式是转账和手机支付。

6．新加坡、澳大利亚、南非以及南美地区

在这些国家和地区中，威士（Visa）、万事达（MasterCard）还有 PayPal 是常见的支付方式，他们的支付习惯和北美地区很相似。

4.1.2 传统跨境支付的弊端

传统的跨境支付方式存在一些弊端，这些弊端会给跨境企业带来以下五大问题，如图 4-1 所示。

支付安全	汇率损失	跨境融资	跨境汇款	本地化支付

图 4-1　传统跨境支付方式给跨境企业带来的五大问题

1．支付安全

跨境旅游公司 Y 的支付欺诈率一直都处于超标的水平，这令公司非常疑惑和苦恼。后来发现，原来是有不法分子通过网络钓鱼等方式向公司客户进行欺诈，例如，假装是公司工作人员，向客户索取账户密码；又或者将木马程序放置在公司网站上。这些不法分子针对薄弱的支付环节作案，支付安全问题严重。因此，该跨境旅游公司 Y 常常遭受严重的损失。

2．汇率损失

跨境航旅公司 H 在全球范围内都有着广阔的业务，但因为一直以来和该公司合作的支付机构的结算方式比较封闭——只结算单一货币，使得该公

司因为汇率问题遭受到了巨大的损失。

3．跨境融资

跨境 3C 轻资产公司 Q 由于“黑色星期五”的临近，订单纷至沓来，货物需求量急剧增多，但是人手非常短缺。在这种情况下，该公司需要招聘员工，并且扩大公司的办公空间。问题在于该公司需要一笔不小的资金，但公司却没有足够的可用资金。销售旺季资金回笼缓慢无法周转、银行贷款难、三方贷款难给跨境轻资产公司带来极大的融资问题。

4．跨境汇款

跨境教育机构 J 决定聘请国外顶尖的教学人员进行在线授课，但面临着工资支付的问题。因为这些教师都来自海外，若要向这些教师支付工资，就必须进行跨境汇款，但传统的跨境汇款存在以下三个问题，如表 4-1 所示。

表 4-1　传统跨境汇款存在的三个问题

（1）跨境汇款需要服从国家关于跨境支付的一些法律法规中的限制
（2）跨境汇款周期比较长，且手续流程比较繁杂
（3）跨境汇款会有一些成本损失，包括手续费和汇率的损失

5．本地化支付

跨境服装公司 F 的主要业务是对北美地区的服装交易进行在线清算。在这一整套清算流程中，订单的转化率非常低，不到 50%。究其原因，是因为该公司没有提供当地居民惯用的支付方式即本地支付方式，客户因没有见到熟悉的支付方式而放弃了已经加入购物车的服装。

由此来看，传统跨境支付方式确实存在很多问题，而这些问题对企业尤其是跨境企业产生了非常严重的影响。如果上述 5 个问题没有被妥善解决的话，中国企业跨境事业的发展将会受到阻碍。

4.1.3 第三方支付平台迅猛发展

由于大量跨境电商的涌现，许多第三方支付平台也开始开拓跨境支付服务市场。在跨境支付服务的支持下，跨境电商和顾客都有了更加丰富的支付渠道选择，双方都能享受到更为便捷的支付体验。在谈及第三方支付跨境业务的发展之前，我们先来了解一下第三方支付。

所谓第三方支付，就是指具有相当实力和信用的交易支持平台和产品的原产国或原产地区以及各大银行进行签约，这些交易支持平台由第三方独立机构提供。

在第三方交易中，买家需要先确认购买商品，再把货款支付给第三方平台，第三方平台会通知卖家发货，然后等到买家确认收货后，第三方支付平台就会把货款转入到卖家的账户中。这种支付方式对于国人来说再熟悉不过，因为我们使用的支付宝便是这样的第三方支付平台，支付宝和 PayPal 是使用最为广泛的两种第三方支付平台。但当商品买卖双方身处不同的国家时，第三方支付就会涉及跨境支付业务。

鉴于我国国际贸易事业的飞速发展和跨境物流配送体系的完善，国内消费者已经越来越不满足于只在国内进行购物，而是希望能购买其他国家和地区的商品。于是，跨境购物的规模越来越庞大。基于这种情况，第三方支付开拓跨境支付业务就显得非常迫切。

当前，国内开拓了跨境支付业务的第三方支付平台主要有支付宝、财付通、PayPal 等。PayPal 作为国内最大的跨境支付商，拥有 1 亿多活跃用户，但是随着越来越多的第三方支付平台加入跨境支付的领域中来，在未来，第三方支付平台的跨境支付业务必将呈现“百花齐放”的态势。

相比于传统的国际贸易，第三方支付平台的跨境支付系统具有更加明显的优势。利用第三方支付平台来实现跨境交易，既可以解决兑换外币的问题，又能节省货币的转换手续费，高效又便捷，为跨境购物的用户提供了良好的使用体验。第三方支付的跨境交易主要有以下两种模式，如图 4-2 所示。

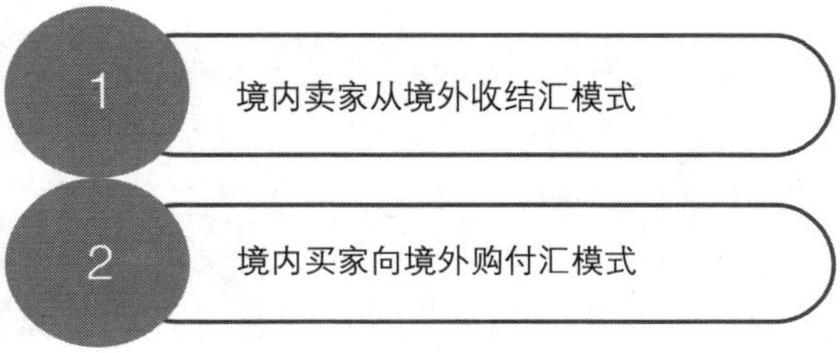

图 4-2　第三方支付跨境交易的两种模式

1. 境内卖家从境外收结汇模式

（1）境内卖家自行结汇

在境内卖家和境外买家达成最终交易协议后，境外买家就会将外汇支付到境外的第三方支付平台中，然后境外的第三方支付平台就会通知境内卖家发货，待买家确认收货后，境外的第三方支付平台就会向境内卖家付款，完成跨境交易支付中的最后一步，然后境内卖家就可以将这些外汇自行结汇。

（2）境内第三方支付平台统一结汇

在境内卖家和境外买家达成最终交易协议后，境外买家就会将外汇支付到境外的第三方支付平台中，然后境外的第三方支付平台就会通知境内卖家发货，待买家确认收货后，境外的第三方支付平台就会向境内卖家付款，然后由境外第三方支付平台统一进行结汇后再向境内卖家付款。

2. 境内买家向境外购付汇模式

（1）境内第三方支付平台以平台名义统一购付汇

在境内买家和境外卖家达成最终交易协议后，境内买家就会将同等价值的人民币支付到境内的第三方支付平台中，然后境内的第三方支付平台就会通知境外卖家发货，待买家确认收货后，境内的第三方支付平台就会以平台的名义统一购付汇，然后向境外卖家付款。

（2）境内买家自行购汇通过境外第三方支付平台付汇

在境内买家和境外卖家达成最终交易协议后，境内买家就会自行购汇再将外汇货款付给境外的第三方支付平台，然后境外的第三方支付平台就会通知境外卖家发货，待买家确认收货后，境外的第三方支付平台就会将货款付给境外卖家。

（3）境内第三方支付平台以境内买家名义代理购付汇

在境内买家和境外卖家达成最终交易协议后，境内买家就会将同等价值的人民币支付到境内的第三方支付平台中，然后境内的第三方支付平台就会通知境外卖家发货，待买家确认收货后，境内的第三方支付平台就会以买家的名义向外汇的指定银行进行购汇申请。申请完毕后，境内的第三方支付平台就会以平台的名义将货款付给境外卖家。

其实，除了第三方支付平台，第三方支付公司的发展也是可圈可点的，中付支付科技有限公司就是其中之一。中付支付科技有限公司是一家独立的第三方支付公司，而且在中国有着非常领先的地位，中国人民银行曾为该公司颁发了《支付业务许可证》。

经过这些年的不断发展，凭借其独有的强大技术实力以及“贴近用户所需”的服务理念，中付支付科技有限公司取得了非常亮眼的成绩，并和国内各大银行以及多个国际组织达成了密切合作，致力于为企业提供专业而安全的电子支付解决方案，以此来推动企业的快速进步和长远发展。

实际上，像中付支付科技有限公司这样的第三方支付公司还有很多，第三方平台也不少。从目前的情况来看，无论是前者还是后者，发展都呈现良好的态势。但是这样的态势究竟能持续多久，恐怕只有时间和实践才可以给出准确的答案。

4.2 跨境支付的风险规避

在国际贸易的传统运行模式下，无论是货到付款还是预付货款货物出口商和货物进口商都会有一方承担较高的电汇风险。而这也让我们看到了传统支付方式存在的核心问题——国际贸易双方的信任问题和资金周转问题。

所以，在这种传统的支付方式下，人们迫切需要一个有效的解决方案来处理这些风险问题。于是，火热的区块链技术就被尝试引入支付领域，而且基于国际贸易的快速发展，跨境支付也一同兴盛起来。

4.2.1 跨境支付到底是什么

所谓跨境支付，通俗地讲，就是指在本国消费者通过网络购买境外商家的产品时，鉴于货币币种的不同，交易双方需要借助一些支付系统和结算工具来完成客商之间的资金转换，从而顺利地完成整个交易。

在跨境支付中，跨境网络消费、境外线下消费、跨境转账汇款是跨境支付的三大主要场景。银行电子汇兑、提现和第三方支付则是跨境支付的三种常用方式，如图 4-3 所示。

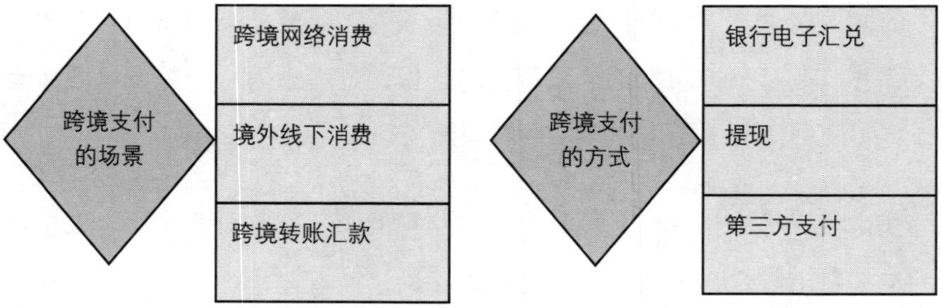

图 4-3　跨境支付的三大主要场景和三种常用方式

跨境网络消费的途径包括电子汇款、网银在线支付、移动手机支付等；境外线下消费的途径包括现金支付、信用卡刷卡等；跨境转账汇款的主要途径包括商业银行、专业汇款公司、第三方支付等。

跨境支付的业务主要分为进口和出口。简单来讲进口业务就是资金出境，担任收单服务商的职责；出口业务是指资金入境。

在进口业务中，跨境支付公司和海外银行等公司进行合作，借助清算网络（该清算网络由国际卡组织建立）为国内企业提供境外资金分发服务；在出口业务中，跨境支付公司会和境内的第三方支付公司进行合作，建立起一个资金分发的渠道，为境外的支付机构以及买家提供资金入境和资金的境内分发服务。

随着互联网经济的崛起，越来越多的企业开始以电子汇兑的方式进行支付。然而传统电子汇兑的支付方式必须要经过汇出行、中央银行、收款行等机构，并且每个机构都拥有属于自己的一套账务系统和清算系统，这便要求每个机构之间还要搭建起一个代理关系。这种传统电子汇兑方式的跨境支付流程烦琐，业务处理速度缓慢，使得结算的成本很高而支付效率却非常低。与银行电子汇兑方式类似，提现和第三方支付也存在着流程烦琐、结算时间过长等劣势。

因此，区块链技术的引入就显得尤为必要。因为区块链拥有的去中心化、不信任、不可篡改、可追溯的四大特性可以为跨境支付业务消除中转银行这一第三方中间角色，简化烦琐的流程。银行和银行之间也不再需要第三方，可以凭借区块链技术完成点对点的支付。

在点对点支付的方式下，买方的资金能够快速到达对方的账户，而卖方也能快速地进行提现。可以说，“区块链 + 跨境支付与结算”大大降低了跨境支付与结算的交易成本。

区块链下的跨境支付模式是以区块链网络的方式将传统金融机构添加到支付网络的系统中，从而搭建起一个支付网关。交易者把现实世界中的法定货币转换成区块链上的资产，然后交易者就可以使用这些存储在区块链上的资产完成支付行为或者转账行为，实现点对点的交易。

总体来说，“区块链 + 跨境支付与结算”的优势可以归结为三点，如图 4-4 所示。

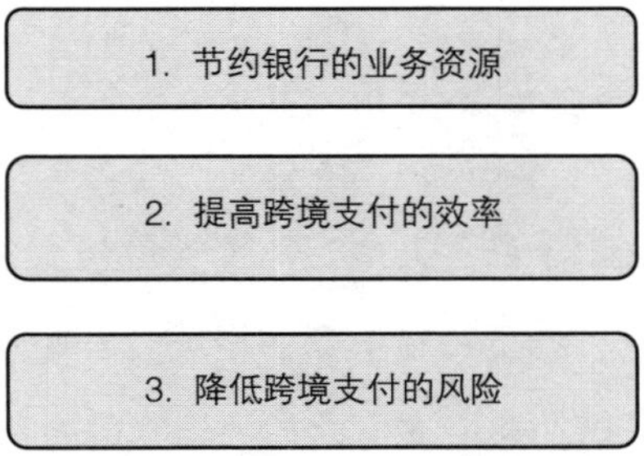

图 4-4　“区块链 + 跨境支付与结算”的三点优势

1. 节约银行的业务资源

“区块链 + 跨境支付与结算”的模式是基于一个不信任机制的共识算法来运行的。因此，这种模式可以使原本承担中转职责的中间银行无须再参与整个支付过程，也不需要再负责资金清算的业务，即脱离第三方直接进行支付。

另外，这种模式也使得每家银行只需要准备一个储备金账户，为银行节省下用在第三方上的备用资本金，大大节省了银行的业务资源。

2．提高跨境支付的效率

银行电子汇兑产生的数据信息由区块链中的所有节点来共同维护，所以各银行之间电子汇兑验证信息的一致性就得到了保障，那些参与电汇的银行不需要再对信息进行烦琐的对账工作，因此跨境支付的效率就大大提高了。

3．降低跨境支付的风险

在“区块链 + 跨境支付与结算”的模式下，进口商、出口商等相关组织机构都会与参加了支付结算的节点相关联，以这种方式来保证交易验证信息的一致性，降低了跨境支付的风险。

4.2.2　跨境支付的各种风险

在跨境电商（跨境电子商务）中，跨境支付是一个不可或缺的环节，因为实时安全的跨境支付有助于跨境电商占据境内与境外市场。下面就结合跨境电商的第三方支付来谈论跨境支付存在的结算风险。

跨境电商的结算方式分为两种：跨境收入结汇和跨境支付购汇。跨境收入结汇和跨境支付购汇都属于外汇兑换，两者的区别在于前者是把外汇兑换成人民币，而后者是把人民币兑换成外汇。而结算风险一般就是指在货币活动或者资金清算的过程中可能会遭受到的损失。

结算风险一般主要包括信用风险和流动性风险两种，如图 4-5 所示。

图 4-5　结算风险

交易双方在参与支付时，某一方 A 若不能承担结算生成的对另一方 B 的债务，那么交易的另一方 B 就会面临资金损失的风险，我们就把这种风险称为信用风险。信用风险往往会发生在延迟净额结算的系统中，这是因为结算具有周期性，交易方 A 可能在进行金额结算以前就失去了承担债务的能力。当交易是多方参与时，这一信用风险可能还会波及整个支付系统中的所有参与方，使得越来越多无力偿还债务的交易方出现。

尽管后来实时全额结算系统的出现令这一情况有所好转，但是实时全额结算系统也有它自身的缺点，比如它对流动性具有较高的要求。信用风险问题暂时还不能被有效解决。

在交易过程中，如果有一方或多方并不持有具有较高流动性的结算资产，那么支付系统的流动性就会受到影响，支付失败或者支付延迟的情况也就会频繁地出现。流动性风险不同于信用风险，它在实时全额结算系统中出现的频率较高，而且一旦出现流动性风险，结算的效率也会受到较大的影响。

对于跨境电商而言，其第三方支付的结算风险主要分为五个方面，分别为法律风险、网络风险、国内利率调控风险、信用风险、流动性风险，如图 4-6 所示。

法律风险	网络风险	国内利率调控风险	信用风险	流动性风险

图 4-6　跨境电商第三方支付的结算风险

1. 法律风险

跨境电商在支付时可能会发生一些矛盾纠纷。由于跨境电商支付涉及很多国家和地区，这些国家和地区又都拥有一套自己的法律制度和监管体系，而且这些法律更倾向于保护本国、本地区的企业，因此一旦发生跨境支付的矛盾纠纷，跨境交易中的某一方就容易遭受损失，导致法律风险的增加。

2. 网络风险

由于跨境电商支付需要在互联网中才能完成，所以网络安全的问题就不容忽视。黑客攻击等一些行为可能会造成支付系统的崩溃，其中的数据信息也极大可能被损坏或者被泄露，因此跨境电商支付存在网络风险。

3. 国内利率调控风险

跨境支付技术的应用使交易双方对基础货币的需求不断降低，各大银行对结算资金的需求也在同时降低。当民众持有越来越多的电子货币之后，货币需求就会很难因基础货币的变动而变动，中央银行基于基础货币监管的货币政策就难以发挥其应有的作用。

4. 信用风险

跨境交易可能会出现这种情况：款项已经缴付，但却没有收到货物，同时第三方支付平台也没有足够的能力对交易的实际情况进行验证。

基于这种情况，交易双方就会面临着跨境支付的信用风险。与法律风险类似，国家在审理经济纠纷时可能会出现偏袒现象，致使交易方无法得到足够的信用保证。另外，由于地理距离原因，跨境支付原本就存在的信用风险会被放大。

5．流动性风险

跨境支付的结算一般需要借助购汇或结汇支付来实现交易资金的最终到账。普通的支付平台通常需要 7 ～ 10 天的时间来清算交易资金，而这就有可能导致企业出现资金无法周转的问题，给企业带来流动性风险。

对风险问题若置之不理，必定会对交易各方以及整个支付系统产生严重的恶劣影响。针对上述跨境电商支付存在的结算风险，有以下几点解决措施。

1．关于法律风险的解决措施

各个国家可以通过协商，制定出在世界范围内通行的跨境电商支付法律法规，避免因各国法律不同导致的经济纠纷审理不公平的现象出现。

2．关于网络风险的解决措施

企业可以加强对跨境电商的交易系统和支付系统的维护，同时配置用于检测网络安全漏洞的检测系统，以保证交易信息的安全性。

3．关于国内利率调控风险的解决措施

各国央行可以尝试把调控焦点从原先的货币供给量指标转移到利率指标上来，同时还要促进境内与境外的交流合作，建立起一个合作机制，以应对外汇纠纷等问题，从而保障经济活动与形势的稳定性。

4．关于信用风险的解决措施

企业可以尝试建立起一个信用机制，完善原来的跨境支付信用体系。具体操作如建立一个跨境交易失信黑名单，将那些在跨境交易中出现失信行为的交易者纳入该失信黑名单中，限制这些失信者的跨境交易行为。

5．关于流动性风险的解决措施

企业可以用购买保险等方式来减少跨境电商支付中的流动性风险。

依上所述，区块链的出现不仅优化了传统电汇方式，也为跨境支付解决了诸多结算风险问题。“区块链＋跨境支付与结算”必将成为跨境贸易中的一种颠覆性支付方式。

“区块链＋跨境支付与结算”有着诸多优势，因此被广大企业采用。它们纷纷开创了自己的区块链支付应用。如招商银行、Ripple 公司、Circle 公司和 OKlink 网络，具体如表 4-2 所示。

表 4-2 “区块链＋跨境支付与结算”在企业中的应用

1．招商银行——首创区块链直联跨境支付技术
2．Ripple 公司——Inter Ledger Protocol 协议
3．Circle 公司——不需要手续费的跨境转账服务
4．OKlink——以区块链为基础的跨境转账汇款网络

1．招商银行——首创区块链直联跨境支付技术

招商银行凭借自身首创的区块链直联跨境支付技术为南海控股有限公司（一家在深圳前海蛇口自贸区注册的企业）提供了帮助，通过永隆银行与该公司在香港的同名账户进行跨境支付，并且顺利完成。这一跨境支付的顺利完成使区块链支付的热度持续升温。

2．Ripple 公司——Inter Ledger Protocol 协议

Inter Ledger Protocol 协议是 Ripple 公司（一家位于旧金山的初创公司）的核心产品。该协议以分布式开源互联网协议、瑞波币、共识总账为根基，是一个可以进行实时结算和货币兑换的汇款网络。

银行使用 Inter Ledger Protocol 协议和瑞波币进行跨境支付可以省去大约 42% 的资金，若是仅仅使用 Inter Ledger Protocol 协议的话，则可以省去大约 33% 的资金。Inter Ledger Protocol 协议对于跨境支付而言，是一种节约型的区块链网络。

3. Circle 公司——不需要手续费的跨境转账服务

Circle 公司（全称 Circle International Financial，是美国一家专门开发比特币钱包的数字货币创业公司）的核心业务就是使用比特币的底层技术——区块链技术来为国家货币之间的资金转移提供方便。

Circle 公司此前就决定向美国和欧洲的用户推出一种不需要手续费的跨境转账服务，这一服务同样使用了区块链技术。这种服务可以让使用者通过移动端把本地货币转到境外。其大致的服务模式是 Circle Pay 先将初始货币转换成比特币，再借助区块链网络将比特币转移到收款方的比特币地址上，收款者完成最后的货币接收后，该跨境转账行为就大功告成。在收款方面，收款方可以有自己的选择，既可以选择接收比特币，也可以选择直接提取当地货币。

4. OKlink——以区块链为基础的跨境转账汇款网络

OKlink 是一种以区块链为基础的跨境转账汇款网络。它专门以区块链技术为金融参与者处理在跨境汇款时遇到的问题，例如，汇款手续费较高、操作烦琐复杂、汇款效率低等。OKlink 的服务对象是全世界范围内的中小金融参与者，整个跨境支付的过程如下：

（1）信托账户开通后，汇款机构要在 OKlink 的子账户中预先存入资金。这笔资金的金额必须要超过 10000 美元或是与 10000 美元等同，只有这样，汇款机构才能得到相对应的 OKD，OKD 与美元 1 ∶ 1 挂钩。

（2）预先存入资金完成后，汇款者就可以向其发出汇款的指令。

（3）收到指令后，根据美元的实时汇率，汇款机构会把汇款者用于汇款的货币换算成相应的 OKD。

（4）在收到汇款机构换算的 OKD 之后，收款机构就会根据美元和收款者所使用货币的实时汇率把这些 OKD 进行换算，换算完成后再支付给收款者。

（5）根据需要，收款机构会将信托账户中的 OKD 再换算成美元。

4.2.3 区块链支付的四大功能模块

区块链支付有四大核心模块，分别是网络连接器、区块链支付账本、做市商客户端、交易客户端。在区块链支付环节中，四大核心共同发挥作用，确保跨境支付的安全顺利完成。

1. 网络连接器

网络连接器是一个能够即插即用的功能模块，它的作用是将各个机构以网关的形式与区块链支付网络相连接。此处涉及跨境支付的网关问题，网关是区块链跨境支付中的两大角色之一，银行、流动性提供商、做市商等都可以成为区块链跨境支付中的网关一角，或者说网关是一个合称。网关在区块链跨境支付中起到的作用是它能够让现实世界中的萨丁货币进入区块链支付的网络体系中来。

在区块链跨境支付中，还有一个角色是客户。客户就是指参与区块链交易的各个相关方，例如，国际贸易客户，他们共同对交易的信息进行确认和验证。当有一个交易方没有对交易进行确认时，该交易在某种意义上就失败了，因为交易没有通过所有交易方的确认和验证，就无法生效。

在网络连接器的帮助下，汇款行和收款行被连接起来，汇款行和收款行就能获取到参与跨境交易的一些具体数据信息，例如，跨境交易双方的个人信息、付款状况和发货状况等。

2. 区块链支付账本

在跨境交易双方的信息受到区块链支付系统的确认后，网络连接器就会再次发挥它的作用——与区块链支付账本连接，对该跨境交易进行结算处理。处理完毕后，网络连接器还会向参与跨境交易的各方发出“确认交易”的情报通知，以便让各个交易方能及时对交易进行确认，从而避免出现交易无法生效的情况。

区块链其实就相当于一个账本，然而它并不是一个普通的账本，它是一个分布式账本，既具有账本的功能，又可以记录区块链上的所有交易行为与交易信息。

在区块链支付中，做市商等跨境支付交易相关方可以以区块链网络节点的形式和区块链支付账本这一功能模块进行连接，从而和区块链支付网络中的其他功能模块共同工作，以顺利完成区块链跨境支付的全过程。

3. 做市商客户端

在证券市场上，一些证券经营法人会持续地向投资者报出一些特定证券的买卖价格，同时这些证券经营法人会接受投资者的证券买卖要求，凭借自身拥有的资金与证券来和那些要求买卖证券的投资者进行交易，我们把这种证券商称为做市商。

但是，这些证券商需要具备一定程度的实力和信用，才被允许作为“特许交易商”。

简单来讲，那些以提供买卖报价的方式为金融产品制造市场的证券商就可被称为做市商。做市商制度是指通过做市商报价形成的交易价格来推动交易的持续发展。做市商一职一般是由大银行或大金商来担任。

那么区块链支付的功能模块之一——做市商客户端，其实就与现实世界中的做市商类似。在区块链支付账本中，做市商的主要功能就是为区块链支付账本提供外汇牌价。借助做市商客户端功能模块的能力，一些银行内部的外汇交易平台就可以与区块链支付网络相连接，从而具备了做市商的功能作用。

4．交易客户端

交易客户端这一功能模块的主要作用就是让交易买方直接对区块链支付网络进行操作。除了直接对区块链支付网络进行操作来完成支付外，交易买方同样可以使用传统的支付方式来进行支付，例如，借助金融机构这一交易中间方来完成支付。

4.3 区块链与跨境支付的完美结合

近年来，随着区块链技术的发展，人们的支付方式也发生了转变，尤其是跨境支付方式的转变。例如，在区块链技术的帮助下，渣打银行（Standard Chartered Bank）只需短短的十秒钟时间就可完成一笔跨境支付的业务，支付速度之快令人惊叹。除渣打银行以外，Visa 也开始筹划将区块链技术应用在跨境支付上。

实际上，所有以区块链技术为基础的跨境支付就是以电子货币为中介，借助区块链将汇款者所处国家或地区的法定货币转换成数字资产，然后再由收款端将这些数字资产转换成收款者所处国家或地区的法定货币，从而完成交易的过程。这些数字资产指的就是区块链系统中的数字货币。

4.3.1 区块链支付的解决方案

在去中心化的机制下，分布式网络技术的跨境汇款可以在降低用户支付成本的同时，提高跨境转账的速度，因此具有非常广阔的市场空间。由此看来，区块链支付其实就是数字货币应用，而且属于区块链 1.0 范畴。

众所周知，区块链是一大串数据块，每一个数据块都包含非常重要的信息，例如过去一小时之内的全部网络交易。这些数据块的主要职责是对信息的有效性进行验证，并生成下一个区块。区块链技术可以帮助跨境企业实现业务的升级，并为其打造出全新的跨境支付方式，从而促进跨境业务的不断发展。

从前面的内容可以看出，传统跨境支付面临着较多痛点，而区块链技术可以有效地解决这些痛点。那么区块链支付的解决方案究竟是什么呢？其实最重要的就是建立了去中心化的全球结汇系统，这个系统的核心机制主要体现在以下两个方面：

1. 在网关系统的助力下解决陌生人之间的信任问题

通常情况下，担任网关的主体是非常具有公信力的，例如，第三方机构、大型银行等。另外，在整个系统中，用户和网关之间应该是一种债权债务关系。具体来说，如果用户 A 想要汇款给用户 B 的话，那区块链中的网关就与用户 A、用户 B 分别生成了债务和债权关系，然后再通过该网关对用户 B

的债权转化为用户 A 对用户 B 的债权并进行清算，继而体现在双方的余额变化上。这样一来，跨境支付交易就顺利完成了。

值得一提的是，用户 A、用户 B、网关之间的债权债务关系通常会以分布式网络的方式存储在若干个服务器上，而这些服务器之间则会以 P2P 的方式来保证数据的安全。这样一来，就可以把单一、集中式服务器所带来的风险降到最低。

2. 设置多种可选择结算的加密数字货币

这里所说的多种具体包括比特币、瑞波币等数字货币。在每个跨境支付过程中，数字货币的作用都和交易费、保证金相类似，通常某些恶意攻击者会制造出非常多的垃圾账目，从而对网络的正常运行造成严重影响，为了防止发生这种现象，区块链钱包会给每个网关提出以下要求：持有一定限额的数字货币量并在支付完成以后销毁一定的数字货币……

这就产生了一个问题，如果数字货币的跨境结算有第三方参与怎么办？其实非常简单，由第三方选择作为技术支持和底层协议的特定数字货币，以此来代替 SWIFT 技术，从而帮助第三方降低跨境清算和汇款的成本。当然，第三方还可以根据自身的实际情况选择其他的币种和支付场景，这与淘宝网为顾客提供多种结算方式是相同的道理。

从上述内容不难看出，在区块链驱动的跨境支付当中，具体包括以下几个主体关系：去中心化汇款系统、网关角色由谁担任、多种可选择结算的加密数字货币、区块链底层协议、是否有第三方参与、去 SWIFT 化……从目前的情况来看，已经应用到跨境支付中的解决方案主要有以下四种，如图 4-7 所示。

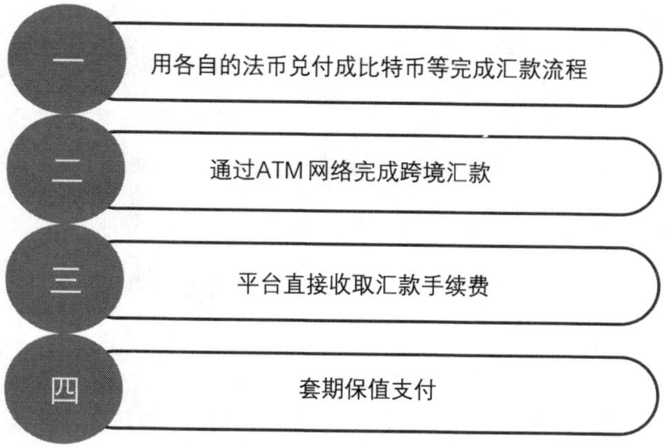

图 4-7　已经应用到跨境支付中的四种解决方案

区块链技术打造的是点对点的支付方式，这种支付方式不仅有利于降低跨境企业的资金风险，还可以去除第三方金融机构的中间环节，从而更好地满足跨境企业的需求。因此，对于跨境企业来说，区块链技术是一个非常大的福利。

4.3.2　区块链 + 跨境支付的优势

相较于传统的跨境支付模式，区块链支持下的跨境支付具有更为明显的优势，主要体现在以下三个方面，如图 4-8 所示。

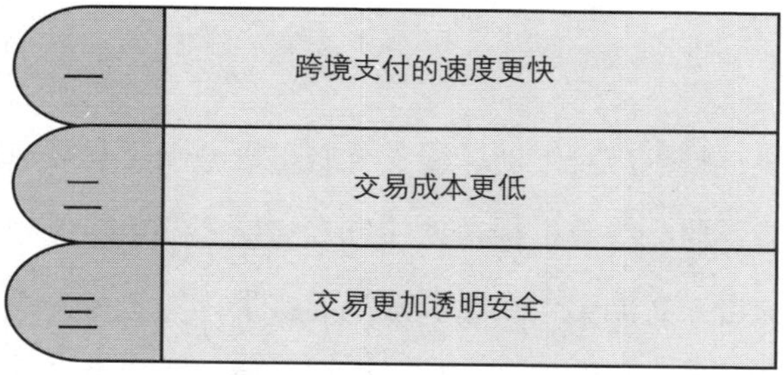

图 4-8　区块链 + 跨境支付三个方面的优势

1. 跨境支付的速度更快

一个传统支付模式下的银行跨境汇款需要2至6个工作日，然而在引入了Ripple公司的区块链技术后，这一跨境汇款在8秒钟的时间里就顺利完成。所以，对于金融机构而言，“区块链＋跨境支付”可以有效地对交易成本结构进行改善，并且还支持全天候的支付和实时到账，加快了跨境支付的速度，提高了交易的效率。

此前，日本就有42家银行加入了一个区块链联盟。该区块链联盟由Ripple公司旗下的一家合资企业和SBI集团（一家金融服务集团）共同发起而建立起来的。展开跨境支付的区块链概念验证项目是该联盟的核心业务。

另外，Visa也计划和Chain公司进行合作，希望推出一种区块链跨境支付服务，试图挑战当前银行间大额跨境转账的主要途径——SWIFT网络。该支付服务的主要应用对象是B2B跨境支付。

2. 交易成本更低

根据世界银行的统计数据，跨境支付规模在全球范围内正在以平均每年5%的速度增长。对于银行来说，跨境支付是利润最为丰厚的业务之一。传统模式下的跨境支付在处理各项环节如接收货款、对账等过程中会产生很高的交易成本。

但是，区块链技术应用下的跨境支付则可以减少交易环节中产生的交易成本，并且还能以弱化中介机构功能的方式来提高资金的流动性。区块链技术在支付领域的引入有助于“普惠金融”的实现。对于那些小额但却高频的跨境支付来说，区块链技术非常有用。美国区块链公司Circle此前就已经在中国登陆，其目标就是小额支付市场。

3. 交易更加透明安全

根据某调查数据显示，在接受访问的银行中有将近一半的银行都认为各大企业之间的跨境支付是区块链跨境支付中最受欢迎的一个场景。跨境汇款、银行内的跨境支付、个人与个人之间的跨境支付等场景均排在企业间跨境支付这一场景的后面。

目前，中国是世界的第一大出口国和第二大进口国，其规模快速扩大的跨境交易市场对跨境支付有着越来越迫切的需求。在“走出去”战略和“一带一路”倡议的共同实施之下，企业间的跨境支付和结算是存在巨大的发展潜力的。当企业能获得一种高效率低成本、风险性又小的跨境支付结算方案时，企业的竞争力也就能够得到大幅的提升。

在区块链跨境支付中，银行与银行之间实现了点对点的支付方式，不需要任何交易中介者。区块链所具有的四大本质特征则保证了跨境交易中的交易双方资产的安全性，降低交易风险，让交易变得更加的透明和安全。

4.3.3 区块链 + 跨境支付的具体应用

此处就 Ripple 公司的以区块链技术为基础的 Ripple 跨境支付进行讨论。Ripple 公司是位于美国旧金山的一家数字支付公司，其前身是 Ripple Labs。Ripple 是一个以区块链技术为基础的开源分布式支付协议，得益于该协议，金融机构之间的交易变得非常便捷，法定货币、电子货币、数字货币也可以在全世界的范围内进行完全无障碍的转换和流通。

相较于传统的跨境转账业务，Ripple 这种基于区块链技术开发的分布式实时到账的支付网络系统使跨境支付花费的成本更低，所需时间更短。交易双方在交易过程中几乎不需要任何费用，而传统跨境支付是需要手续费的。不管是法定货币还是数字货币，Ripple 都予以支持。

全球已经有 25 家金融机构和 Ripple 公司达成了合作协议，这些金融机构有 Fidor 银行、CGI、跨河银行、CBW 银行、Earthport 等。后续也会有大概 80 家银行会和 Ripple 公司进行深入的合作讨论。此外，Ripple 公司还准备和 R3CEV 进行合作。

当前，银行等金融机构都拥有自身的记账系统，Ripple 公司主要以自己开发的“Interledger”协议项目来试图搭建起一个沟通不同记账系统的桥梁。在该协议中，不同的两个记账系统之间自由传输货币需要通过第三方的验证端来实现。

Ripple 公司已经向一些银行提供了 Connect 软件。通过该软件，银行可以与 Ripple 网络连接，实现货币的传输。这种办法可以让各大银行不再需要使用一个统一的记账系统，但是仍然可以将自己之前的记账系统保留下来。由于验证端的运行是通过加密算法来实现的，因此交易的具体数据信息只有银行自己的记账系统才能追踪。从这一方面来看，Ripple 网络为银行账户交易的安全性提供了保障。

传统的跨境支付模式通常还需要一个中间银行来帮助交易双方完成货币之间的兑换，而且这个中间银行需要有不同的货币账户。这种中间银行的存在往往会造成跨境货币的信息处理效率非常低下，并且交易成本高昂。在 Ripple 网络的帮助下，做市商的职责就可以由银行等金融机构承担。

当拥有了足够的做市商之后，Ripple 网络中跨境支付的流动性就能得到大幅度提升，使得区块链点对点的支付可以顺利实现。另外，拥有足够的做市商也有助于提升货币的汇率水平，因为 Ripple 网络可以通过算法找到一个最佳的汇率水平，减少跨境交易中的成本问题。

Ripple 网络的分布式记账系统是借助共识机制来对交易进行记录和验证的，这是区块链技术的体现。传统跨境支付的模式需要一个中央结算系统来担当信任中心，但引入 Ripple 网络后，它的分布式记账系统可以实现去中心化支付，不需要再由中央结算系统来作为信任中心。Ripple 网络下只需要一个准备金账户，所以资金的占用也会大幅减少。

我们再来看一个关于区块链跨境支付的场景假设：假设有一个位于中国的 A 公司要向一个位于德国的 B 公司汇款 200 欧元，A 公司在中国的甲银行拥有一个储蓄了 1 万元人民币的人民币账号，B 公司则在德国的乙银行拥有一个储蓄了 6000 欧元的欧元账号，还有一个外汇做市商分别在甲银行和乙银行拥有一个人民币账户和一个欧元账户。

在区块链跨境支付过程中，首先需要做市商向银行汇入一笔初始资金，该笔初始资金的汇入需要做市商通过本地的清算系统来完成。那么在上述场景假设中，外汇做市商就需要先通过中国的本地清算系统来向甲银行汇款，汇款金额为 5 万元人民币。

然后做市商再通过德国本地清算系统向乙银行汇款，汇款金额为 10 万欧元。在做市商完成了人民币账户和欧元账户的资金注入后，甲银行的账本系统和乙银行的账本系统以及区块链支付的账本系统中的资金状态就会发生变动，具体资金状态如下：

1. 在甲银行的账本系统中，A 公司的人民币账户拥有 1 万元金额，做市商的人民币账户拥有 5 万元金额，费用账户则为 0 元。

2. 在乙银行的账本系统中，B 公司的欧元账户拥有 6000 欧元，做市商的欧元账户拥有 10 万欧元，费用账户则为 0 欧元。

3. 在区块链支付的账本系统中，甲银行、乙银行还有做市商所拥有的资金均为 0 元。

在完成上述的资金注入后，做市商就可以分别向甲银行和乙银行发起支付请求——让甲银行向其区块链支付账本的人民币账户中汇入 3 万元人民币；让乙银行向其区块链支付账本的欧元账户中汇入 2 万欧元。

此时在甲银行的账本系统中，A 公司的人民币账户拥有 1 万元金额，做市商的人民币账户拥有 2 万元金额，费用账户则为 0 元；在乙银行的账本系统中，B 公司的欧元账户拥有 6000 欧元，做市商的欧元账户拥有 8 万欧元，费用账户则为 0 欧元。

在区块链支付的账本系统中，甲银行的人民币账户拥有 -3 万元；乙银行的欧元账户拥有 -2 万欧元；做市商的人民币账户拥有 3 万元，欧元账户拥有 2 万欧元。

然后就进入到了区块链跨境支付的共识校验阶段。在该阶段，A 公司向 B 公司发起 200 欧元的汇款请求，请求内容为由 A 公司支付 200 欧元给 B 公司。该付款请求由甲银行向乙银行发出。当甲银行接收到 A 公司的汇款请求后，甲银行便会通过区块链支付系统中的网络连接器这一功能模块与乙银行进行连接，向乙银行提供汇款信息。然后乙银行就会根据甲银行提供的汇款信息对汇款订单进行核查验证——验证该笔订单是否符合当地的监管条件，是否需要向汇款行申请更为详细的汇款者信息等内容。

乙银行确认无误后，甲银行就会接收到来自乙银行的回应。接着，甲银行可以借助网络连接器来寻找做市商，该做市商需要具备能提供人民币对欧元汇率的能力。在做市商的帮助下，甲公司就能获得人民币对欧元的实时汇率。此处我们就假设做市商给出的实时汇率是“100 欧元兑 773 元人民币”。然后甲银行再添加自己的 5 万元费用后便可向 A 公司提供一份账单明细，A 公司会对这份账单明细进行确认，作出是否接受该账单明细的决定。

A 公司主要会对该账单明细中的汇率进行确认。在 A 公司确认接受该账单明细之后，就要等候 B 公司将发货信息提交给乙银行，乙银行会再通过网络连接器这一功能模块，向甲银行和做市商发出通知，告知它们 B 公司已经发货。甲银行、乙银行、A 公司、B 公司还有做市商这些区块链跨境支付的交易相关方会共同对这笔交易的所有资金进行验证核对。一旦通过了它们的共同校验，那么就意味着该笔跨境交易已经得到了所有交易相关方的共同确认了。

共识校验阶段结束后，该跨境交易就会进入到记账支付阶段。例如，甲银行的账本系统会记录“向 A 公司借出 778 元，其中给 A 公司的贷记费用为 5 元；甲银行在区块链支付账本中的贷记资金为 773 元；甲银行已经记账成功”这样的内容。

甲银行所在的区块链支付网络连接器向做市商发出账本信息通知后，做市商就会在区块链支付账本的系统中开始记账。其账记录内容如下：

1. 向甲银行所在区块链支付账户借出 773 元，做市商在区块链支付账户中的贷记资金为 773 元。

2. 做市商完成在区块链支付账本系统的账本记录后，就会向甲银行和乙银行所在的区块链支付网络连接器发出区块链账本记录完成的通知。

从以上区块链跨境支付场景假设中可以看到“区块链 + 跨境支付与结算”的一个大致运作流程。通过该运作流程，我们对于“区块链 + 跨境支付与结算”具有的高效便捷的优势也能形成一个更为清晰的认知。

第 5 章

区块链 + 数字票据

金融是区块链技术运用最活跃的领域，区块链技术能被应用到与金融相关的多个方面。随着区块链技术的提高，区块链在虚拟货币、清算支付、智能合约等多个方面都具有广阔前景。

区块链票据是将区块链技术应用到电子票据上而形成的数字票据。这种数字票据是一种全新的票据形式，其技术基础和传统的电子票据完全不同。相较于传统的电子票据，区块链票据更加安全和智能，也更加具有前景。

5.1 票据市场面临三大问题

票据作为一种信用工具被个人或企业使用，它在金融交易中是债权和债务的发生、转移与偿付过程的体现。目前，票据业务领域存在着诸多问题，其中主要的就是票据真实性、划款不够及时、监管薄弱这三大问题。

5.1.1 票据真实性：伪造票据层出不穷

在当今市场上，假票、克隆票等伪造票据仍然层出不穷，这对票据的真实性造成了极大负面影响。例如，南通发生的百万以上假发票偷税大案，震惊了大家。

南通市国税局稽查局在对某外资房地产开发公司进行检查的过程中，发现该公司所得税汇算扣除项目所列管理费用比账面上少了500多万元。成本金额比账面上多了500多万元，经比对，发现其中有450万元是支付给某广告公司的广告费，在汇算时计入了成本。对于这个问题，公司的主办会计表示是在汇算清缴时列错了。

该公司的销售收入为6800多万元，一般而言，有450万元的广告费用也很有可能，但是，该广告费用于宣传的楼盘为热销地段，不必花费数额这样庞大的广告费，检查人员对其广告费的交易流程进行检查，却发现发票所列的广告公司根本就不存在。

广告公司不存在，发票从何而来？地税局询证实了这些发票确实是地税代为开具的，号码、日期、经办人等信息与发票相一致，但是经过检查人员的比对发现，经地税局代为开具的发票存根，上面显示经营项目却是“临工”，金额为 8 万元，发票代开专用章的编码与真实的专用章编码也有一位不一样，这就是一张典型的“克隆票”。

会计凭证中支票存根表明这笔资金分三次汇入了广告公司账户。但该广告公司并不存在。到这时，公司的负责人交代了其利用假发票偷税的行为：450 万元资金中有 405 万元转给其客户，再由其客户将该资金转回公司；另外的 45 万元是支付给提供假票人的手续费。而所得税申报表上管理费和营业成本金额的改变，就是迷惑检查人员的障眼法。

以上案例中，公司利用假票偷税，在现实中这种情况并不在少数，层出不穷，票据市场亟须一种有效的措施来对此进行改善。

5.1.2　划款不够及时：票据到期尚未划款

在企业交易的过程中，经常会出现票据已到期，对方却还未及时划款的情况，这个问题是商票行业里普遍存在的现象，很多企业都对此一筹莫展。

例如，甲企业通过背书转让合法拥有了一张电子商业承兑汇票，乙企业为此汇票的承兑人，汇票到期后，甲企业通过电子商业汇票系统进行提示付款，乙企业也签收了提示付款，但由于业务限制在付款方式上只能线下付款。但汇票到期一个月时间后，乙企业仍未付款，甲企业多次要求乙企业兑付汇票，乙企业都借口推脱。

上面票据到期，承兑人未及时划款的案例看似很简单，但解决的途径是很困难的，虽然可以通过诉讼解决，但在实际操作起来却没有那么容易。

如果甲企业选择司法程序起诉乙企业，首先需要考虑商票提示付款被签收后，是否还可以通过诉讼行使追索权？

票据追索权是指持票人在提示承兑后未获承兑时，依法向其前手请求支付票据金额的权利。因此，持票人只要实际未获得付款，都可依法主张追索。

其次，甲企业需要证明自己是票据的合法持有人。

电子汇票是出票人利用电子商业汇票系统，通过数据电文形式制作，由银行审核后在指定日期支付确定金额给持票人的票据。现实中，大多数持票人会从电子商业汇票系统中打印出商票，但法院在审理时会审核商票的真实性。

最后需要考虑能否起诉所有前手。

依照法律规定，如果持票人选择起诉所有前手，需提供被拒绝承兑的证明，否则诉讼将不成立。但很多时候，商票呈现出的状态无法体现持票人被拒绝承兑，此时持票人也许会丧失对前手的追索权。

5.1.3 监管薄弱：高杠杆错配、违规交易频发

随着池化融资、至臻贷、易企银等金融产品的创新，浙商银行近年来积极盘活企业的票据、存单、理财等流动资产，助力“去杠杆、降成本”。针对企业应收账款管理的困扰，浙商银行运用区块链技术打造了一个应收账款区块链平台。该应收账款区块链平台除了为企业盘活大量应收账款提供帮助外，也赋予了流动性服务银行一种新的作用价值。

一些业内人士依据企业自身的发展现状，指出了当前企业的周转和发展受到了应收账款规模的严重制约。很多时候，企业的流动性是与应收账款的流转密切相关的，一旦应收账款的流转受到制约，那么企业的流动性也就

会受到一定的负面影响。而制约着应收账款流转的因素主要有以下四个，如图 5-1 所示。

图 5-1　制约应收账款流转的四个因素

1. 应收账款的账期长短不具有一致性。

2. 应收账款的登记和确认手续烦琐。

3. 买卖双方势力不均衡。

4. 质押杠杆率过高。

引入区块链技术后，以上问题便可以得到有效解决。借助了区块链技术的企业更可能实现这些应收账款的盘活。

在该应收账款区块链平台上，处于下游的买方企业可以通过对应收账款进行签发和承兑的方式将应收账款变成一种支付结算工具，这种支付结算工具将具备安全高效的特性。以这种方式企业就可以盘活一定的应收账款，将企业的对外负债额降低。而处于上游的企业在接收到应收账款之后就可以直接将这些应收账款用于支付、转让或者是质押融资等方面。

这种借助应收账款区块链平台建立起来的供应链自金融商圈，除了能够有效化解由应收账款滞压带来的烦恼外，还能够帮助企业充分挖掘出自身潜在的商业信用价值，让企业能够真正实现“去杠杆、降成本”。

例如，浙商银行杭州分行就为电池行业的龙头企业“超威动力”制定了“池化融资平台 + 应收账款链平台”的综合金融方案。该方案在制定时参照了“超威动力”企业自身实际的业务需求和应收账款的情况。

在该方案中，“超威动力”将对在平台中位于上游的供应商签发和承兑应收账款，以这些应收账款来完成原材料的采购，以及向银行申请应收账款保兑。在平台中位于上游的供应商在接收到经过浙商银行保兑的“超威动力”的应收账款之后，就可以把应收账款质押入池或者是转让给其他人，预先获取资金，从而增强企业资金的流动性，减少企业外部的融资，达成“去杠杆、降成本”的目标。

浙商银行的这一应收账款链平台在上线后的短短四个月时间里，就已经和 100 多家企业顺利完成签约，其业务的累计发生额有近 30 亿元，实现的融资余额也有约 25 亿元。可以说，该应收账款链平台的应用使得企业流动资产的盘活取得了极为显著的效果。

由上述案例可见，区块链去中心化的特性使得企业在应收账款链平台中具备了唯一的签名。而这唯一签名在很大程度上为应收账款的信息安全问题提供了保障。区块链的分布式账本系统改变了传统应收账款的一些处理方式，如让传统应收账款不再依赖纸质数据或是电子数据。区块链在技术层面上为企业应收账款活动排除了数据伪造和删改的可能性。

另外，基于区块链的智能合约技术也将为应收账款提供更加完善的信用安全保证——智能合约可以确保企业应收账款按照制定的合约规则按时履行合约内容。总之，区块链技术解决了企业的应收账款问题。

之前，中国股权市场具有很多业务特性，其中最为明显应该是以下三个：分散性、参与主体规模趋同、区域性。在这些业务特性的影响下，股权市场很难发挥出应有的功能，也无法展现出应有的活力。

引入区块链可以加强各股权市场之间的联动性和流通性，并使数据孤岛问题得以有效解决，从而提升股权市场的活力。不过，随着股权市场活力的不断提升，交易监管也变得越来越困难。因此，在提升股权市场活力的同时，区块链还必须补充场外交易监管制度，而事实也证明，区块链确实有这样的作用。

具体来讲，区块链不仅可以为系统构建出一个特殊的监管节点，而且还可以针对各种不同因素（例如，交易级别、融资规模、交易主体等）设置不同的监管方式和手段。这样一来，监管机构就可以在第一时间掌握股权市场的交易动态和整体情况。

众所周知，区块链可以记录所有的历史数据、交易情况以及其他重要信息，而且任何组织或个人都没有办法篡改，这也就表示，交易流程的自动化监管已经变得非常现实，交易的自律性也有了大幅度提升。

可以看到，对于证券行业而言，区块链的确是非常重要的，可以发挥很多方面的作用。但也并不能代表区块链就是“完美无瑕”的。随着摩尔定律的逐渐失效，硬件条件的升级速度要也变得越来越慢，已经不能跟上数据增长的速度。

另外，虽然区块链技术大大缩短了证券交易的时间，但交易双方确认交易的时间依然不受控制，也就是说，在交易还没有正式确认之前，存储器必须要替交易双方保管大量的交易数据，而且这些数据都是会永远存在的。在这种情况下，区块链技术所面临的难题就变成了如何使存储器的存储效率得到提高？如何降低存储器的能源消耗？

当然，除了上述两大难题以外，区块链技术面前还横亘着通信延迟这一座不好逾越的大山。在同步每个账本的数据时，区块链技术通常都会采用网络广播的方式，所以，要想给每个账本发送交易信息的话，就需要一定的时间。

如果再遇到带宽资源紧张或者网络堵塞的情况，那任何一个账本都可能无法及时收到这些交易信息，同时也会为那些黑客创造更多的可乘之机。由此来看，无论是证券机构还是区块链企业，都应该看到区块链技术的不足，只有这样，才可以实现各自的目的，证券机构也才可以为证券交易双方提供更加便捷、迅速的服务。

5.2 区块链风控解决方案

我们已经了解了在票据市场中存在的诸多问题，而区块链技术的应用可以有效地解决这些问题，净化票据市场。本小节就讲解一下区块链技术对于票据市场的风控解决方案。

5.2.1 全网公开，拒绝“一票多卖”

由于传统票据市场的票据交易使用的单据通常为纸质单据，所以在票据交易的过程中，拒绝对款项进行支付、重复支付汇款、票据诈骗等风险案例十分常见。而在这些风险案例中，纸质票据的“一票多卖”现象尤为显著。

“一票多卖”现象在中介机构中盛行，一些中介机构与金融机构利用银行的信任，用票据清单以短期回购的方式“一票多卖”从银行骗取资金，使银行遭受巨大损失。

商业票据对于企业的融资来说十分重要，但票据市场已经是草木皆兵。票据市场的风险主要来自人为管理或操作的不规范，没有统一的审验标准和交易、托收流程，票据市场交易繁杂混乱。

解决这一问题的最好方法就是建立全国性、统一规范且公开的票据交易平台，同时建立全国性的票据托管机构，为票据交易平台的公平、效性提供有力保障。而区块链技术在票据交易平台的应用可以有效地防治票据“一票多卖”的现象。

首先，区块链技术分布式账本的核心技术可以实现纸质票据向电子票据的转化，分布式账本使得票据数据公开透明，且分布式账本的去中心化的特点，使得票据在交易过程中的每一个环节都需要各个节点进行确认，为票据交易增加了安全保障。

其次，区块链技术中的智能合约通过不可篡改且自动执行的代码进行票据交易，保证了交易的顺利进行。

最后，区块链技术的共识机制方便了交易平台和用户对票据交易进行监管，所有参与者可以从账本上读取当前的交易信息，有效地避免了“一票多卖”等金融欺诈行为的发生，

区块链技术有助于确保票据交易的公平性与安全性。

5.2.2　时间戳改善“打款背书不同步”现象

在票据市场中，“打款背书不同步”现象屡见不鲜。例如，一家公司因财务周转困难，找到某财务机构办理贴现，但当公司将汇票交到财务机构时，汇款却没有如期到账，经追查，财务机构已经人去楼空。

背书打款不同步也导致票据市场问题频发，先背书未能打款或者先打款后收不到背书等情况屡见不鲜。传统合约在进行过程中效率低下，且合约条件的触发和执行是不同步的，在这种情况下，交易的一方极有可能违背条约，甚至有些人会有意借此骗取他人钱财，使得票据市场的信任危机越来越严重。

如何解决票据市场中的信任危机是净化票据市场的关键，而区块链技

术中的不信任机制的特征和其智能合约核心技术就可以完美地解决这一问题，区块链技术的不可篡改的时间及流程就防止了“打款背书不同步”的现象。

区块链技术应用到票据市场中后，企业与金融机构之间不用考虑与对方的信任问题，可以通过智能合约来达成双方交易。智能合约是一个预先设定好的程序代码，其特点就是自动执行制定的合约中的条款。这可以在最大程度上减少欺诈意外的发生。

在票据交易双方拟定智能合约时，一定要对合约的代码进行仔细检查或者互相测试，直到确认代码无误后，然后才能在智能合约上签字。双方确认后，智能合约就能开始履行合约内容。合约的执行过程是机械性的，不以人的意志为转移，因此，只要双方签订了智能合约，就不用担心会出现传统合约中可能出现的一方毁约的问题。

在这个过程中，票据交易过程是预先设定好的，不会改变，直到交易结束，且在交易之中，打款和背书是同时完成的。这种方式不仅在解决票据信任危机的情况下确保了交易的完成，还提高了双方交易的效率。

5.2.3 数字化程序代替纸质作业

如今是一个大数据时代，随着网络的发展，很多内容都是以电子书或者电子数据的形式呈现在人们的眼前。多金融工具也开始慢慢转移到电子设备上，比如银行最常见的电子账单。与以前的纸质账单相比，电子账单无疑具有更多优点。此外，很多银行纸质作业的程序也开始数字化。纸质作业程序数字化具有的诸多优点，如图 5-2 所示。

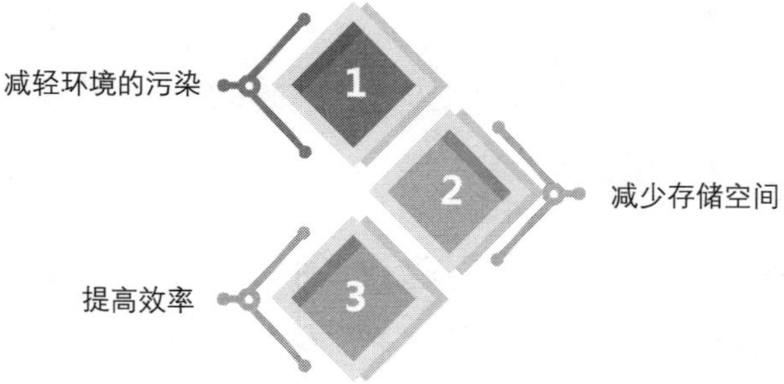

图 5-2　数字化程序的优点

1．纸质作业程序数字化能够有效减少纸张的使用，减轻对环境的污染。环境污染问题一直是人们较为关注的问题。金融行业来说的纸张使用量一直非常大，由于纸张一般来源于森林，所以过量使用纸张会造成对环境的间接污染。

如今数字化程序代替了纸质作业程序，为森林减轻了负担，为环境保护做出了巨大贡献。所以作业程序数字化对于保护自然环境十分有帮助。

2．纸质作业程序数字化能够有效减少存储空间。金融行业进行纸质作业的时候，必定会产生大量纸质材料，由于这些材料带有重要数据信息，所以需要被封存起来。一旦丢失，将会造成非常严重的后果。因此纸质材料的存储一直是人们所担心的一个问题。

如今纸质作业数字化很好地解决了这一个难题。数字化的存储空间容量要比传统的存储空间容量大得多，所以空间问题就迎刃而解了。此外，也不用担心纸质材料被破坏或者丢失，因为纸质材料上的数据信息被永久地记录在区块链网络上，不可篡改，也不会丢失。由此可见，纸质作业程序数字化不仅大大减轻了资料存储的空间负担，也让人们的生活更加便捷。

3．纸质作业程序数字化有助于提高业务处理效率。这是纸质作业程序数字化最重要的一个优点。以早期的银行业务为例，当一个人需要办理银行业务时，特别是办理一些国际业务时，需要到银行甚至到国外银行填写各种单据。然而随着现在纸质作业流程的数字化，人们只需要在电子银行中填写一系列的信息就能快速且顺利地办理各种需要的银行业务。程序的数字化不再需要人们在各个银行之间来回奔波，有效地提高了人们的办事效率。

纸质票据因为使用的是纸质实物，所以在进行交易时，往往需要经过一系列烦琐的操作流程。在纸质票据的交易中，还容易出现操作风险，这种风险由于监管难度较大而难以避免。

据当前情形来看，对票据市场现有的运行体系进行改革越来越有必要了。

票据交易所是电子票据扩展的一项重要应用，票据交易所中的交易对象并不是指定的交易目标，而是根据市场的匹配规则确定的。卖方将自己想要卖出的票据的信息依据自身要求进行编程后发布，买方也将自己的需求编写成程序发布。票据交易所成为票据交易网络中的一个节点，在代码匹配的规则下对交易双方进行匹配，当买卖双方达成共识并且确认时，票据的交易才能进行。在区块链技术的支持下，票据交易所能够处于一个核心地位。

相较于纸质票据，电子票据自诞生起就具备明显的先进性。比起纸质票据，电子票据能够更好地保障票据本身的真实性。然而在流通性上，电子票据的流通量还赶不上纸质票据。尽管电子票据已经流行了一段时间，但目前市面上流通的票据仍然以纸质票据为主。

纸质票据和电子票据的主要区别在于信用环境，所以在重要票据交易中，使用纸质票据的情况依然较多，而这种情况在短期内依然不会有所改变。现在市面上存在着将纸质票据进行托管的方式，这种方式的好处就是能够使被托管的纸质票据顺利地转变成电子票据，行使和电子票据一样的功能。

与纸质票据业务查询模式相类似，在区块链票据中，托管方作为一个节点发布一条包含票据所有元素的信息，然后将这个信息传递给委托方，同时对票据的真实性和委托方对票据资产的所有权进行声明，声明票据目前在托管方处保管。这就是“第三方”——一个用于记录信息的节点，这个节点能够对交易的数据进行记账。然后在委托方所在的节点下增加该笔票据资产，最后纸质票据就能转换成电子票据被使用和流通。

纸质票据托管方式具有以下三点优势：

其一，托管方的区块链节点发出信息就表明票据的保管和检验已经完成，即对票据的真实性和稳定性作了保证。

其二，增加了“第三方”承兑进行记账和确认的过程。这个环节的增加可以有效规避交易双方发生联合作弊的风险，如托管方实际并不拥有票据资产信息，那么该环节的增加就能够破解票据是否存在的难题。

其三，由网络节点承担“第三方”角色，这样便可以有效解决承兑行和交易双方三方联合舞弊的现象，对承兑行的行为做出一定的限制，能够保证票据自身的有效性。

区块链技术在纸质票据数字化方面的应用主要体现在以下三个场景中：

首先，运用区块链技术可以有效解决票据的真实性问题。由于区块链技术采用去中心化的组织系统，所以票据的发行、检验以及交易的过程均完全透明，参与交易的大众之间可以进行数据信息的共享。运用区块链技术，可以对票据的真实性作出一致性证明。

其次，将区块链技术运用到纸质票据的数字化，利用区块链的分布式账本结构，有助于改变以往票据交易过程中出现的信息不对称问题，从而实现票据交易的去中介化，促使票据运行模式发生改变。

最后，在区块链技术的帮助下，票据交易过程中的每一份数字票据都可以被记录在区块链的区块上，每份数字票据都可以独立地在区块链上运行，它们的生命周期也是独立的。区块链技术使票据交易的效率得到了有效提高，也大大降低了票据监管所花费的成本。

另外，如果在区块链票据中加入数字货币，那么就又可以实现很多功能。例如，实时且自动的 DVP 券款兑付、跟踪资金流向等。若将现金池利用智能合约的原理进行托管，又可以创建出新的业务场景。

5.2.4 消除中介，优化交易流程

现代社会有一个职业被称为中介，这些中介通过收取佣金来维持生存。最为常见的就是房地产中介，虽然中介为人们提供了便利，但同时也给人们增加了交易成本。而区块链技术的去中心化特征就是让中介由过多参与变成 0 参与，减少人们交易成本的同时提高交易完成的效率。

比特币的出现让人们对区块链技术有了一个初步的了解，人们对区块链的技术框架和应用前景也有了更多的认识。去中心化使得区块链网络中的数据是公开共享的，并且无法轻易被篡改。区块链网络中的数据需要所有网络参与者共同维护。当发生一些资金往来上的问题时，由于区块链网络中的数据还具有可追溯性，所以交易记录也可被追踪。

区块链中的数据交易以密码学原理为基础，而不是传统的信用机制。在密码学原理的支持下，只要双方对交易内容达成共识，就可以直接进行交易的款项支付。由于区块链交易的可靠性和稳定性要比传统的交易方式高得多，因此区块链技术被认为是解决金融危机的一项重要技术。

区块链票据是区块链技术应用的一个创新项目，如今这种技术已经出现在金融领域的很多方面。例如，各种凭证、外汇和其他金融商品或者衍生品都可以通过区块链票据的形式呈现出来。区块链票据的出现同时也对传统的票据管理模式产生了影响，使得原有的票据管理模式发生了革命性的变革。

我们可以把票据交易所简单理解成一个由银行主导的全国统一的票据中介。由于这种中介的存在，中央银行能够更好地对金融风险进行调控。但区块链票据与票据交易所不同，它是一种以区块链网络的共识机制为基础的去中心化账本，并且能够对以前票据市场上时常出现的各种风险进行更为有效地调控和防范。

例如，北京的一家农行分行曾出现了一起票据风险事件，引起了很大的轰动。该起事件简单来说就是一家银行想和农行进行资产交易，以票据作为担保向其借取资金。

但是当交易到期的时候，该银行并没有在规定时间来赎回票据。与此同时，农行北京分行去库房查看该交易的票据的时候，却发现原有的票据已经不见了，那家银行原先借出的资金已经以非法途径进入了股市。这样的结果使得农行北京分行遭受了重大的损失，并且引起了一系列的严重后果。

纵观该起事件发生的始末，原因就在于现有的票据市场本身运行出现了问题。一般情况下，银行之间的交易都需要在中介机构的协助下才能完成。如果一些不良分子和这些票据中介机构勾结起来，票据就会最终落入中介之手，而票据中介便可以将这些以非法途径得到的票据换成现金投入到股市。因为票据中介也许想在股市中大赚一笔，再将兑现的票据赎回放回原来的银行中。一些无良票据中介自认为这是一个天衣无缝的计策。

农行北京分行的案例只是冰山一角，在原有票据市场运行机制下，这种事情屡见不鲜。这就是票据市场中介过度参与的弊端。

但是通过“区块链 + 票据”，票据市场就可以做到“去中介化”。在传统的票据交易过程中，利用电子票据进行交易的时候，需要利用 ECDS 系统对双方的信息进行交互认证。进行纸质票据交易的时候，交易双方达成信任的条件在于这个纸质票据是否真实。然而当票据交易采用区块链技术之后，整个交易过程就不需要第三方来对交易双方的真实性进行监督与检验，也不需要利用特定的实物来证明彼此之间的诚信度，区块链票据的使用可以实现票据价值点对点之间无实物的传递。

区块链技术通过对票据交易方式进行改变而形成了区块链票据，这也使得中央银行等相关监管部门也成为区块链票据网络中的一部分。这些相关监管部门可以实时获取票据交易过程中的公共账本，从中了解到各家票据企业的票据发售、托管以及评估等信息，从而解决票据市场基础设施存在的滞后问题。同时还能提高票据交易的效率，推进票据市场向更好的方向发展。

“区块链＋票据”清除了许多票据交易中的不透明因素。利用区块链技术对交易过程中的各类信息进行公开，同时逐渐引进智能合约第三方评级，有助于提高票据、资金、公司理财计划等内容的安全系数，让政府、公众对票据企业重拾信心。

在传统的交易过程往往需要票据中介来促进交易的成交。当区块链技术被引入票据交易过程之后，票据中介的职能就发生了改变——这些票据中介将会以参与者的身份重新参与到整个票据交易过程中。在新的票据机制下，票据中介的业务主要体现在四个方面，如图 5-3 所示。

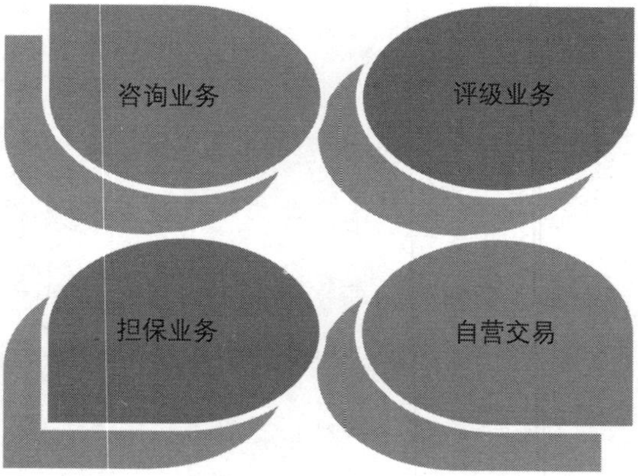

图 5-3　新票据机制下票据中介的主要业务

1．咨询业务

在传统的票据机制体系之下，票据中介的工作多为撮合业务，但在新票据机制下，票据中介的工作变为咨询业务。和原有的撮合业务不同，咨询业务将对智力输出有着更多和更高的服务要求，例如，向交易双方提供策略支持，对市场发展前景进行汇报研究，或者对行业业务人员进行培训等。

2．评级业务

票据中介可以通过对交易双方进行大数据分析，对数据进行建模，然后建立起一个评级体系，再将这些信息提供给票据交易机构，让其有评级信息可以参考。评级业务有助于让整个票据市场繁荣发展。

3．担保业务

由于一些中小型企业承兑的商业票据流动性不强，所以票据中介可以基于信用评级，对这些流动性不强的商业票据进行担保，增加其信用性，提高其流动性，从而在整体上提高担保业务的收入。

4．自营交易

当票据市场全面地实现电子化之后，票据的交易就会保持低风险，监管部门也能进行及时且高效的监管，并且整个监管过程是完全透明的。在全面电子化后，票据市场也许还会设立一些门槛，准许社会资本成立专营公司来参与票据市场自营交易。

第6章

区块链 + 供应链金融

很多专家认为，区块链在供应链金融领域会得到非常好的应用，原因主要有两点，一方面，供应链金融的市场规模非常巨大，甚至可以达到万亿级；另一方面，供应链金融需要多方合作，但缺乏一个传统中心化的机构负责管理，因此必须通过区块链建立信任。

那么，供应链金融究竟是什么？哪些融资模式是当下正流行的？区块链会给行业供应链金融带去什么作用？区块链在供应链金融领域有哪些非常典型的应用案例？对于想要了解“区块链 + 供应链金融”的人来说，这些问题都非常值得思考。

6.1 万亿市场与风控矛盾

目前，我国的供应链金融市场规模巨大，并且处于飞速发展之中，有广阔的发展空间，各大商业巨头在供应链金融市场十分活跃。但随着供应链市场规模的发展，其风控与发展的矛盾是制约其成长的因素。

6.1.1 供应链金融万亿级别市场

相关数据显示，到2020年，我国供应链金融交易规模将超过14万亿元，增长率将达到4.50%，具体如图6-1所示。

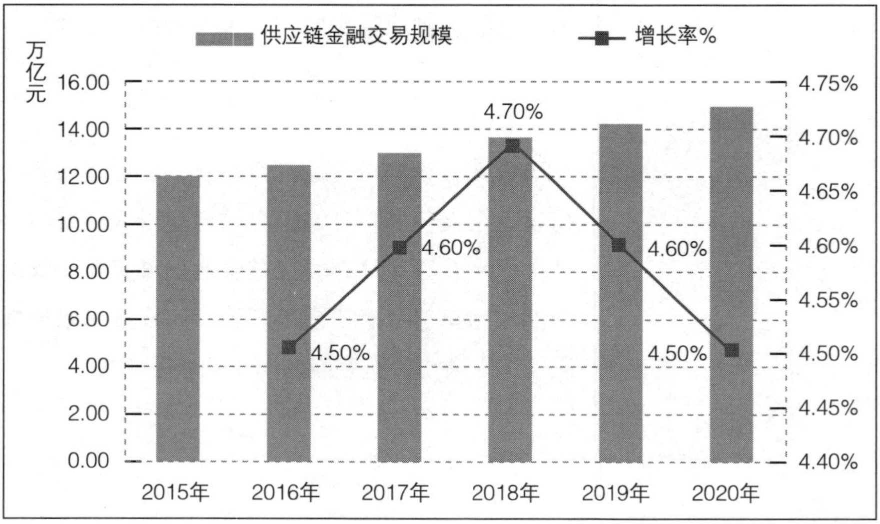

图6-1　2015—2020年供应链金融交易规模

我国的供应链金融发展起步虽晚但是发展十分迅速，目前已经具备了较高的技术水平，实现了供应链条的一体化。供应链金融也从以商业银行为核心的低效的融资方式变为了互联网金融的高效的多渠道融资方式。

从产品类别上来说，供应链金融主要包括应收、预付、存货、信用四类，且在汽车、农业、大宗商品及批发零售等领域都有所应用。同时，在我国的供应链金融市场中，供应链运作模式也是多样，它们共同促进了我国供应链金融市场的繁荣。其中，供应链运作模式主要包括以下 5 种：

1．银行主导的供应链金融

银行主导的供应链金融在市场上占有重要地位，银行在交易中重视各类凭证的有效性和真实性，银行也可以利用其金融系统，在供应链企业负责的中间环节为其提供必要的帮助。在这种供应链金融中，银行是风控主体，因此银行在选择供应链企业时，自然会优先选择规模较大、体系较为健全的企业。

2．第三方支付主导的供应链金融

第三方支付提供的主要是通道功能，就是交易中介，它也会产生大量的数据。这些数据可以用于拓展自身增值业务，也可以和其他外部金融机构合作，为供应链企业的资产评估提供帮助，推动以数据打通整个链条。

3．电商主导的供应链金融

电商链条下的融资形式较为多样。例如，阿里巴巴目前共有 3 种供应链金融产品，分别是淘宝小贷、阿里小贷和合营贷款。

4. 物流企业主导的供应链金融

物流企业主要通过预付类商品帮助供应链企业融资。例如，怡亚通，它可以接受采购商的委托，在客户资源系统内寻找最合适的供应商，并通过电汇或保函的方式为客户垫付货款，然后将货物送至客户时再收回。这样对于生产商来说，怡亚通在为其运送货物的同时代付货款，使生产商的资金流动加快，生产效率也得到提高。

5. P2P 主导的供应链金融

P2P 是一种快速的融资渠道，其自身业务模式也被应用到供应链金融中，可以无须担保或抵押快速获得额度。与此同时，其风控基本依靠外部企业，因此这种融资方式风险较大。

6.1.2 中小企业融资难，成本高

中小企业多为实体产业，因其行业及规模的种种限制，导致其在市场上灵活性，对于市场上的风险没有足够的承受能力。在市场经济大发展的环境下，中小企业融资难、成本高就成了限制其发展的主要因素。

目前的中小企业融资的渠道，还是以银行信贷为主，而中小企业向银行融资的过程却存在许多困境，主要表现在以下几个方面：

1. 银行门槛高

中小企业因其规模小，申请的贷款数目也不大，但银行的审批流程不能简化。对于银行来说，中小企业贷款数量很多，额度却比其他的大企业借贷差很多，这种情况下，银行为平衡操作成本，就不得不提高贷款利率了，中小企业融资的成本自然会增加。

2. 可抵押资产少

中小企业因其规模小，资产必然不多，导致可以用作抵押的物品很少，所以大部分中小企业都很难用抵押的方式获得融资。

3. 没有完整的财务报表

在银行接到企业的融资申请后，银行会依照一个标准来对企业进行融资评估，来判断它是否具有偿还能力。中小企业的管理体系不完善，管理制度体系不健全，导致披露的经营信息也不全面，这使得信息不对称的现象时有发生。银行对企业的经营信息了解不准确，就没有办法准确地衡量企业的经营能力，很难判断企业的还贷能力。

例如，一些中小企业虽然具有偿还能力，但是账面财务信息却没有表达出来，这时再加上企业没有可供抵押的固定价值资产，银行就会因不能有效判断企业信息而拒绝给企业融资。

4. 银行难以监管

银行放出贷款给中小企业以后，银行很难把握资金的流向，所以银行的监管是很困难的。例如，一些中小企业把申请时用于扩大企业规模得来的贷款用作对股市、房地产的投资。而资金因很有可能有去无回，在这种情况下，企业信誉就会下滑，使得之后的再次贷款陷入困境。

总而言之，由于难审核评估、难以监督和难把控风险等种种原因，银行只会愿意对上游供应商提供保理业务，或对其下游经销商提供存货融资。这使得二三级供应商或经销商的资金困难的问题得不到解决，影响供应链金融的业务量，而中小企业没有及时地得到融资就容易产生产品质量问题，对整个供应链体系都是极大的损害。

由于中小企业自身的种种缺陷，银行出于对风险和监管的考虑，不愿意为中小企业提供融资。这使得中小企业很难从银行获得融资，或者即使获得了贷款，也要付出更高的成本。因此中小企业面临着很大的融资困境。

6.1.3 风险多种多样，交易不够安全

在传统的供应链金融市场中，由于参与方和交易环节众多，导致交易过程中的风险也多种多样，供应链市场风险来源主要有以下 6 种：

1. 核心企业信用风险

在供应链金融中，核心企业负责整合供应链的物流、信息和资金等关键要素，在供应链中的作用是十分重要的。银行正是根据核心企业的实力来对上下游企业开展授信业务，核心企业经营状严重影响着上下游企业的交易质量及未来发展。

如果核心企业信用出现危机，必然会通过供应链扩散到上下游企业，对供应链金融的整体安全产生威胁。一方面，核心企业信用有了问题，那么它对于整个供应链的担保就会出现信任危机，影响其他供应链合作伙伴，是其出现整体兑付危机；另一方面，当核心企业遭受风险或损失时，它可能会隐瞒交易各方经营信息，或者有计划地串谋融资，使银行遭受巨大的恶意信贷损失。

2. 上下游企业信用风险

虽然供应链金融通过使用多重信用支持技术降低了交易方之间的信贷风险，但作为承贷主体的中小企业，其公司体系不完善、制度不健全、技术水平低、规模小、人员流动快、生产不稳定、市场风险承受能力弱等问题依然

存在，并且银行对于中小企业经营活动也难以监控，中小企业自身的弊端难以解决。

而在供应链背景下，中小企业的信用风险不仅受自身因素影响，还被供应链整体运营中的各个环节所影响，中小企业的信用风险大大增加了。

3. 贸易背景真实性风险

在供应链融资中，银行以实体经济中供应链上的真实交易关系为基础，利用交易过程中产生的应收账款或存货为抵押，为供应链上下游企业提供融资。 在这个过程中，交易的真实性是银行提供融资的必要前提，如果交易背景不真实，例如，伪造贸易合同、质押物权属或质量有问题、甚至是虚构的交易等，银行在这种情况下放贷，就会面临巨大风险。

4. 操作风险

操作风险是供应链金融业务中最直接的风险之一。供应链金融交易的过程中，参与方众多，流程烦琐，要求操作环节保证严密和规范，操作制度是否完善、操作环节是否严密都决定了操作环节是否存在风险，若操作的执行力不够，那供应链也会面临巨大的风险。

5 物流监管方风险

在供应链金融模式下的流程中，银行一般都会将质物监管外包给物流企业，之后，银行可能会减少对质物信息的了解，产生了物流监管方的风险。

由于外包之后银行信息的闭塞，物流监管方可能会因为对自身利益的追求而做出损害银行利益的事情，或者由于自身监管不当，使银行遭受质物损失。

6. 抵质押资产风险

抵质押资产的资产状况直接影响着银行信贷回收成本。一方面，抵质押资产是企业如出现违约时银行弥补损失的重要保证；另一方面，抵质押资产的价值也影响企业的还款意愿，当抵质押资产的价值降低时，企业很有可能因此违约。

总而言之，由于供应链金融的参与方过多，任何一方出现问题都会对整体交易造成风险，而在目前的供应链金融业务中，银行对于交易信息的真实性的来源是核心企业的 ERP 系统记录。但 ERP 被篡改也是需要银行防范的风险之一，银行依然担心核心企业和供应商或经销商勾结修改信息，需要投入人力物力去验证交易的真伪，这就增加了额外的风控成本。

6.1.4 汇票使用面临巨大困境

汇票是供应链金融进行结算时使用的重要工具，汇票使用的困境也阻碍了供应链金融的发展。汇票流通使用场景受限，转让难度大，主要表现在以下四个方面，如图 6-2 所示。

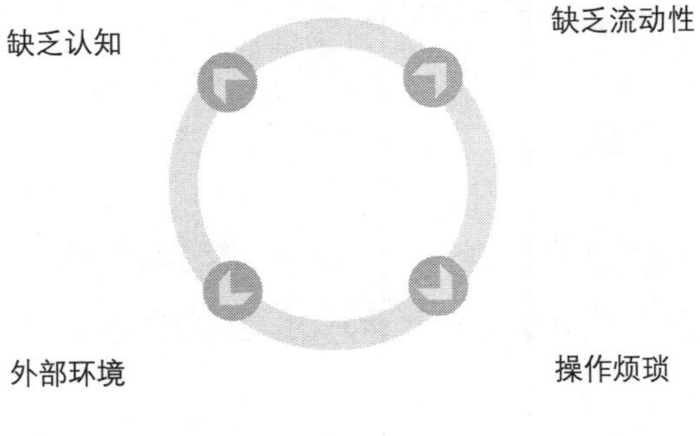

图 6-2　汇票使用场景受限的因素

1．许多企业缺乏对汇票的认知

现实中存在这样的状况，有的企业对汇票一无所知，有的对汇票有一些了解，但却认为它的使用门槛很高。有了解其优势的，又因对提供汇票的企业不信任不敢接受。并且相对于汇票贴现来说，企业大多会选择贷款。供应链中中小企业对于汇票缺乏了解使汇票使用场景受限。

2．汇票缺乏流动性

在交易双方为本地企业的情况下，汇票的流动就较为顺畅，签发、背书、贴现都容易办理，一些银行对本地签发的汇票也有相应的优惠政策，可以吸引本地的供货商。但对于异地签发的汇票来说，在其流动过程中受阻的可能性很大，而异地交易又是商品交易的主流。汇票的流动阻力使其使用场景受限。

3．外部环境影响

目前，票据市场信用体系尚未建立，企业逃避债务的行为不断发生，整个市场的诚信度还有待提高。假票、克隆票以及不法分子勾结作案等，给整个社会信用造成了巨大冲击，影响了汇票在市场上使用范围的扩大。

4．存在实际可操作性不强的因素

出于对风险的考虑，银行对签发汇票的企业要求严于银行汇票，对企业信用级别、经营规模及状况还有保证金额度等都有严格的要求，办理贴现门槛高且手续烦琐，使企业顾虑重重，限制了汇票的签发和流通。

并且在实际操作中，银行十分重视应收账款债权“转让通知”的法律效应，一旦核心企业无法签回，银行也不会授信。银行对于签订债券“转让通知”的法律效应十分谨慎，还会让核心企业的法定代表人到银行当面签订，这种方式操作难度是很大的。

企业对汇票缺乏认知、流动性低、市场环境、实际操作烦琐等方面都影响着汇票的使用场景，使其使用场景受限，转让自然也困难。

6.2 区块链破局策略

在传统的供应链金融交易模式中，存在诸多问题阻碍其发展，而区块链技术在供应链领域的应用，两者结合将产生众多优势，这些优势就是区块链技术对于供应链痛点的破局策略。

6.2.1 变身“凭证档案柜”

区块链具有统一凭证的功能，有“凭证档案柜”之称。之所以被称为“凭证档案柜”，主要有以下三个原因，如图 6-3 所示。

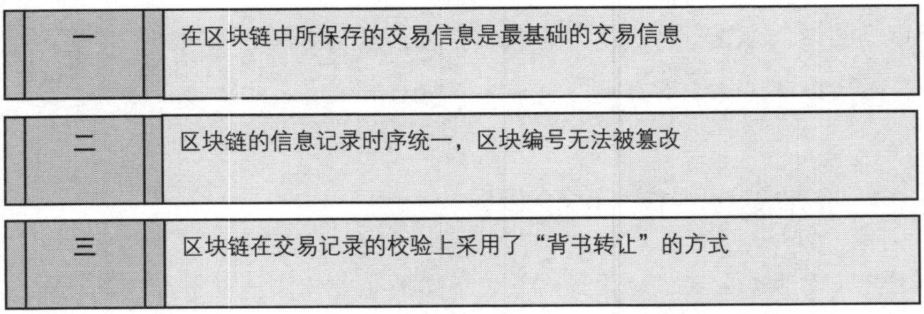

图 6-3　区块链被成为“凭证档案柜”的原因

第一，在区块链中保存的信息是最基础的交易信息。会计行业中最基础的信息均来自会计凭证，在这些会计凭证的基础信息上做进一步的汇总分析和整理制定出总账、分账等一些会计报表。与会计凭证具有类似功能的区块链就具备了成为“凭证档案柜”的一个重要条件。

第二，区块链的信息记录时序统一，区块编号无法被篡改。区块链记录信息时遵循时序统一和编号无法被篡改的原则，与装订凭证本时所强调的及时性和序号连续性相契合。会计凭证为了避免事后人为的篡改，需要用账绳及时装订成册。

区块链采用哈希函数来实现信息记录时的时序统一和信息的无法被篡改。哈希函数可以帮助区块链系统充分固定交易记录的存储位置，以此让区块链具备信息无法被篡改的特性，达到和用账绳将会计凭证串联成册同样的效果，甚至更为便捷安全。

第三，区块链在交易记录的校验上采用了“背书转让”的方式。“背书转让”是一种流转方式，是票据等原始凭证最常用的流转方式。“背书转让”需要权利人在票据的背面签上自己姓名的同时对背书人进行指定。这种做法有两方面的考量：一方面是表示当前权利人同意且确认权利的流转；另一方面是为了保证交易的安全性。

区块链就是参考了这种“背书转让”的思路，将权利人签名和背书人指定流程以非对称加密的形式展现出来。非对称加密的应用使得区块链具备了类似于一般凭证的流转形式，保证了交易记录的统一性和安全性。

由于区块链可以在不同地理位置之间进行同步的存储行为，所以这就需要保证在不同地点发生存储的数据区块的信息都能够相互吻合并且拥有相同的次序，即在不同地方都存储着相同的凭证，要保证每个档案柜中的凭证内容完全一致，并且排放的次序也一样。

我们必须要了解到，区块链网络上每个区块中的数据信息并不是在一台电脑中产生的，而是通过多台电脑之间的交换传递、相互对比以及计算而得到的。利用网络进行通信的时候，总是无可避免地会在通信过程中遇到一些突发事件，即网络的状态难以预计。例如在通信过程中，若是一台电脑断线，就会使得电脑无法传送信息；若遇到网络堵塞，可能就会使实际收到信息的时间晚于预计时间，造成时序混乱。

所以，为了不让这些突发现象对区块链网络的运行造成影响，就需要一种科学的共识机制来保证遇到故障或者遭遇攻击时，网络不仅能够正常运行，还能在各个服务器之间达成数据信息的一致性，让区块链拥有统一凭证的功能。参与记账的网络节点的数量是否固定或者用户是否能够匿名参与网络活动，都是影响共识机制的主要因素。

允许用户匿名，并且入网和出网都无特定条件，具有极大开放性的区块链类型被称为公有链。与其相反，限制节点的数量，进行网络活动首先需要身份认证的区块链类型被称为私有链。区块链技术有一个核心的概念，就是“去中心化”，即无论是哪个服务器，都不会永远拥有凭证本的记账权。

由于私有链拥有具体的节点数目，并且在信息交易的过程中，交易双方的身份明确，交易的环境比较安全，所以可以采用轮流记账和少数服从多数等共识机制来保证信息的一致性。而公有链中的节点数量无法确定，用户可以匿名交易，所以可以采用算力竞赛的思路来达成全网的共识。

目前针对企业的和区块链的相关服务比较少，但统一标准之后，区块链会更加迅速地渗透到各个领域中。以腾讯区块链共享账本为例，腾讯原来的公证服务在多个角色之间进行转换，公证效率低下，并且业务各方相互独立，形成了孤岛效应。共享账本能够让所有的参与者都可以从账本上直接读取当前的信息状态，由于所有人都可以查看共享账本，所以也就不存在频繁发生的金融欺诈行为，有助于确保凭证的统一性和提高公证效率。

6.2.2 全程记录数据信息

区块链技术是一种去中心化的分布式账本系统，既然是账本系统，那么最为显著的一个用途就是记录数据信息。区块链系统中的数据信息是由区块链的每一个节点共同维护的，这些节点相互之间不需要任何信任。

实际上区块链可以被看作是一个不可逆的链网式结构系统，区块链系统中的每一个节点都有一份区块链交易的完整副本，可以不断增加数据信息的记录，但决不会删减或篡改已经记录完毕的数据信息。区块链系统会将交易的全部过程都完完整整地记录下来，即交易信息的全程记录，而且无人可以删改这些数据信息。

区块链系统的特性就在于其能够通过自身独特的算法程序对交易的数据信息进行自动地记录，并将记录下来的数据信息存储在参与区块链网络交易的每一台计算机当中。而且区块链并不仅仅只是单纯地进行全程记录和存储，而且这些被记录的数据信息也无法进行人为的删改。得益于区块链这样特殊的记录机制，数据信息的可信度和可靠性就得到了强而有力的保证，而数据信息也就具有了唯一性。

区块链系统中记录的账本数据是公开透明的，这一点也体现了区块链的账本数据有多个副本存在的特点。正是由于多个副本的存在，区块链系统中的数据信息才不易丢失。区块链采取全分布式存储的方式使账本数据拥有多个副本——在区块链网络中放置数量足够多的节点，然后将那些已经被全程记录下来的数据信息进行同步，同步的地点就是区块链中的所有账本，如此一来就会产生足够多的账本数据副本，区块链数据信息丢失的风险也能被降到最低。

6.2.3 改善企业征信现状

企业征信，就是指征信机构依据相应规则对企业和个人的信用信息等内容进行采集，采集完毕后征信机构会对信息进行整理分析，形成关于企业和个人的信用报告等征信产品（信用报告便是征信产品之一）。征信机构会向处于经济活动中的各个有合法需求的信息使用者有偿提供这些征信产品，为其提供便利。

以商业银行信贷业务为例。在商业银行的信贷业务中，企业或个人的金融信用是第一位的考虑因素。商业银行会把作为借款方的企业或个人的信用信息和借还款情况都上传至央行的征信中心系统中。当需要查询信用信息时，在征得客户的同意后，商业银行就可以从央行的征信中心系统中将客户的信用信息下载下来作为办理信贷业务的参考。然而这一方式可能存在数据更新不及时、使用成本较高等问题。

目前，我国征信业主要具有以下三点问题，如图 6-4 所示。

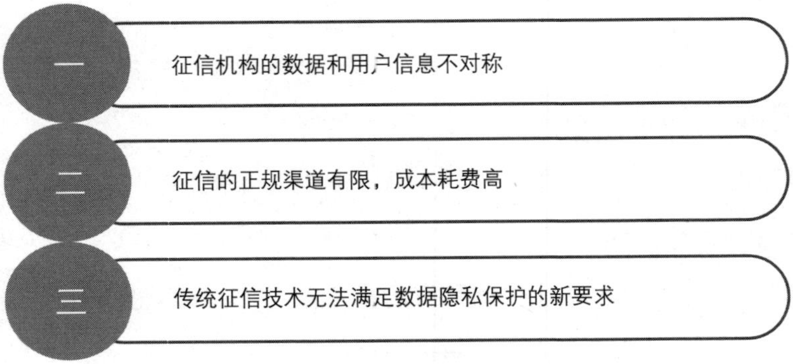

图 6-4 我国征信业的三点问题

1. 征信机构的数据和用户信息不对称

各个征信机构与其他相关联机构之间缺少共享合作，导致了严重的“信息孤岛”问题。“信息孤岛”问题使得征信机构的数据和用户信息不对称，还使得一些企业或个人的信用数据无法发挥出其应有的价值作用。目前的征信技术无法真正实现数据共享。

2. 征信的正规渠道有限，成本耗费高

在传统的数据交易平台上无法实现信用信息的共享，这便使得征信的正规渠道十分有限。由于正规渠道有限，征信机构就必须通过合作、购买各种方式主动与有关机构进行对接，以便在有限的渠道中抢占先机，这就导致征信业数据源信息的争夺异常激烈。激烈的数据源信息争夺战同时也使得征信机构花费了大量的数据采集成本，而花费在征信产品上的资金则大幅减少，这种现象严重影响了征信机构的发展。

3. 传统征信技术无法满足数据隐私保护的新要求

在如今这个大数据时代下，公众对数据隐私的安全保护有了更高的要求。中国人民银行征信管理局曾发布通知要求征信机构取得用户本人的同意后才能采集用户的信用信息，在采集过程中还要明确告知用户采集信用信息可能会产生的影响，同时用户有权利让征信机构不将自己纳入营销的范围。然而由于传统征信机构的技术架构没有跟进，无法保证用户的数据主权，所以传统征信机构无法满足数据隐私保护的新要求。

区块链被引入企业征信领域后，以上问题都可迎刃而解。由于区块链上的数据信息公开透明、不可篡改，而且使用成本又低，所以商业银行就可以利用区块链来存储客户的信息。商业银行可以把客户的信用信息存储在区块链系统中，同时共享客户信息。当有客户申请办理信贷业务时，商业银行在获得授权后，就能够直接调取存储在区块链系统上的客户信用信息以完成征信，免去了向央行申请查询客户征信信息的一系列手续流程，节约时间和成本。

区块链技术的加入使一种基于区块链技术的征信数据共享交易平台应运而生。这种平台可以有效应对传统征信系统存在的“信息孤岛”问题，实现征信信息在各征信机构以及相关机构之间的数据共享。

这种平台还可以帮助传统征信机构拓宽征信渠道，大大降低征信的数据采集成本，让征信机构可以将更多的资金用于征信产品的研发上，提高征信业的业务运行效率。另外，这个平台不会因为系统中的某一个部分发生问题就会影响到系统整体的运行，可以有效确保征信信息的完整性。又因为只有参与征信数据共享的各方才能看到共享数据，所以能够有效地保护用户征信信息的隐私，保障整个区块链征信系统的安全性。

由此可见，区块链与征信业务结合不仅能够提高业务处理的效率，还能够确保采集的征信信息具有更高的可信度。无论对企业还是个人，“区块链+征信”都是一种行之有效的征信方法。

6.2.4 同一票据交换区域与票据拆分

同一票据交换区域是收付款人在规定区域内，企业和个人之间办理清算时若不是在同一家银行办理的开户，双方开户银行可以将相关结算票据带到指定地点进行相互交换。这种银行之间的票据交换可以减少资金清算的环节，节省成本的同时也提高了效率。

在这里，交换区域的范围是宽泛的。例如，北京、天津及河北的部分市县都属于“京”字票据交换区，交换区域不一定是同一个城市，在直辖市里，郊县也算是同城。

票据拆分是指企业将收到的大额银行汇票交给开户银行作为质押，银行根据企业要求，开出若干张等同于总额的小额银行汇票，简单来说就是“大票拆小票”。

票据拆分对于企业来说有一些优势，主要表现如下，如图 6-5 所示。

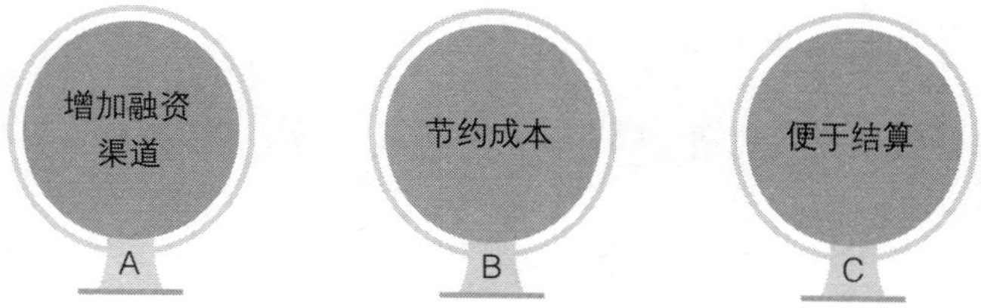

图 6-5　票据拆分于企业的优势

1. 增加企业的融资渠道。

2. 为企业节约了资金成本。

3. 便于企业使用汇票进行支付结算。

基于票据拆分对于企业的这些优势，它也成为一些企业比较热衷的手段，从业务流程上说，其主要经过五个流程，如图 6-6 所示。

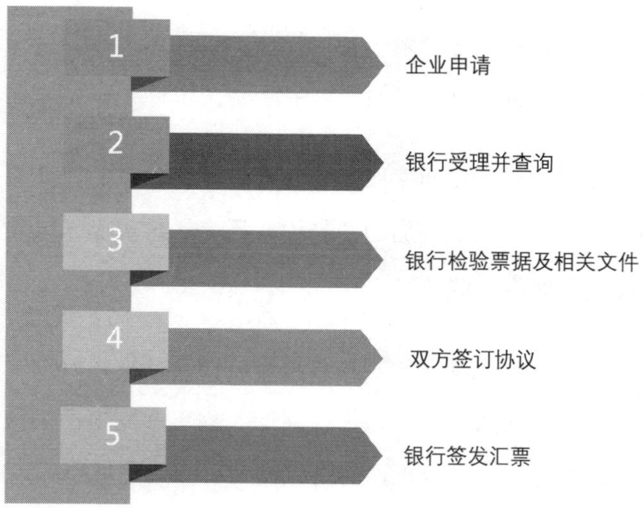

图 6-6　票据拆分流程

1. 企业向开户银行提出票据拆分申请。

2. 银行进行业务受理并对汇票进行查询。

3. 检验票据及相关文件。

4. 企业与银行签订票据拆分协议。

5. 银行以拆分总额度为标准向企业签发等额银行汇票。

从以上流程中可知，银行在票据拆分中有众多流程。区块链技术进入其中后，可以更好地同一票据交换区域，区块链技术智能合约的特征可以简化票据拆分流程，减少人工操作，提高效率，使票据的拆分和转移更加方便快捷。

6.2.5 升级金融机构的金融工具

区块链技术进入票据市场，最重要的就是对于银行等金融机构所使用的金融工具进行升级。这使得银行等金融机构的操作环境更加可靠，这方面最突出的特点纸质作业程序的数字化，例如，电子票据。

传统纸质票据因为使用的是纸质实物，所以在进行交易时，往往需要经过一系列烦琐的操作流程。在纸质票据的交易中，还容易出现操作风险，这种风险由于监管难度较大而难以避免。

而区块链技术的应用就有效地避免了这种风险。例如，以区块链技术为支撑的票据交易所。票据交易所是电子票据扩展的一项重要应用，票据交易所中的交易对象并不是指定的交易目标，而是根据市场的匹配规则确定的。

卖方将自己想要卖出的票据的信息依据自身要求进行编程后发布，买方也将自己的需求编写成程序发布。票据交易所成为票据交易网络中的一个节点，在代码匹配的规则下对交易双方进行匹配，当买卖双方达成共识并且确认时，票据的交易才能进行。在区块链技术的支持下，票据交易所能够处于一个核心地位。

相较于纸质票据，电子票据具备明显的先进性，能够更好地保障票据本身的真实性，它通过自动、机械化的操作流程，为票据市场中的交易提供了可靠的环境。一方面它可以使交易环节减少人工操作，有效地规避了操作风险；另一方面，它也可以提供数字化的存储环境，保障了票据存储的安全性。

由此可知电子票据的优势，而区块链技术在纸质票据数字化方面的应用也会有效地减少资金端的风控成本，主要表现为以下几个方面。

首先，运用区块链技术可以有效解决票据的真实性问题。由于区块链技术采用去中心化的组织系统，所以票据的发行、检验以及交易的过程均完全透明，参与交易的大众之间可以进行数据信息的共享。运用区块链技术，可以对票据的真实性做出一致性证明。

其次，将区块链技术运用到纸质票据的数字化，利用区块链的分布式账本结构，有助于改变以往票据交易过程中出现的信息不对称问题，从而实现票据交易的去中介化，促使票据运行模式发生改变。

最后，在区块链技术的帮助下，票据交易过程中的每一份数字票据都可以被记录在区块链的区块上，每份数字票据都可以独立地在区块链上运行，它们的生命周期也是独立的。区块链技术使票据交易的效率得到了有效提高，也大大降低了票据监管的成本。

6.3 区块链企业介入供应链金融策略

区块链企业介入供应链金融之后，会全面改变供应链交易模式，并创建新的供应链模式，由此产生的新模式主要有两种：联盟链模式和私有链模式。

6.3.1 联盟链模式：提供底层解决方案

联盟链完全去中心化的特征令世界上的任何人都能参与到联盟链的共识过程中，这就意味着联盟链上的数据可以被任何人读取和使用，任何人发送的交易信息均具有实际有效性。在联盟链程序的开发过程中，开发者没有权力去干涉用户，因此区块链用户的交易信息可以得到有效的保护。联盟链是一个人人可用的区块链。

联盟链的特点被归纳为以下几点，如表 6-1 所示：

表 6-1 联盟链的特点

1. 保护用户不受区块链开发者的影响
2. 用户的访问门槛低
3. 所有数据都公开可见

比特币、以太坊、智能合约以及超级账本等均属于联盟链的应用。其中比特币是联盟链的第一个成功的应用，任何人都可以用交易或者挖矿的方式从中读取或写入数据。以太坊则是一个崭新的区块链平台，在以太坊平台中，任何人都被允许建立或者使用以区块链技术驱动的去中心化应用。

以太坊是一种可由用户自己编程的区块链，用户可依照自己的想法在以太坊平台中建立起各种复杂性操作，以达到自己最终的目的，以太坊类似于编程语言，其最终用途由它的开发者决定。以太坊除了在金融领域的应用之外，也被用在对信任安全度以及运行稳定性有高要求的应用场景，例如投票管理和资产注册。

联盟链的历史发展源自比特币，2008 年末比特币概念被提出，2009 年初比特币便开始了上线运行，这是第一代联盟链。网络共识协议限定着比特币的总量，任何人都不能对比特币系统中的数据信息进行随意的篡改。

比特币自诞生开始，一些顶级的金融机构开始注意到比特币身后隐藏的一种底层应用技术——区块链。在这些顶级金融机构的带领下，金融领域以及其他的行业领域也开始意识到区块链的存在及应用价值。于是，公众对区块链的探索便开始了，而联盟链成了探索的首选。

通过这些年对区块链的探索，联盟链已经成为一个可提供广泛信任的区块链系统，是一个非常成功的业务模式，在所有区块链中发挥着基础性的作用，又扮演着“支柱者”的角色。

任何事物在其发展过程中都会不可避免地面临未来发展的选择问题，区块链也不例外。因为联盟链主要是为虚拟的数字场景应用服务，与现实生活的联系并不紧密。因此区块链若要长期发展下去，必须要融入现实生活的场景当中。

因此，发挥基础性作用的联盟链也需要进行转变和改进。对于联盟链而言，来自技术方面和架构体系方面的问题是它所面临的关键性问题。例如，性能问题和需求问题，如图 6-7 所示。

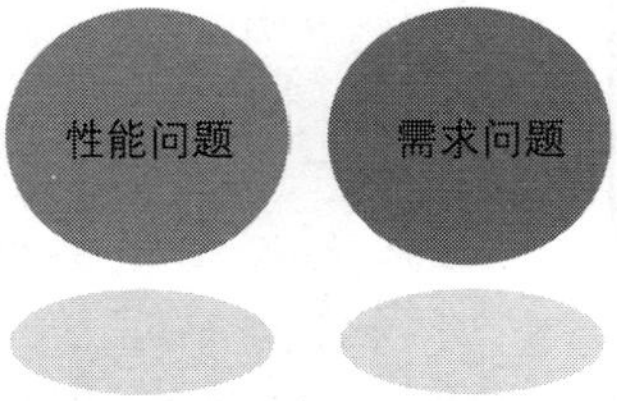

图 6-7　联盟链的性能问题和需求问题

1. 性能问题

联盟链的性能问题，以以太坊为例：当在以太坊网络中产生了许多大型且集中的交易，或是以太坊中的某个应用使用频率很高时，以太坊的性能就会因为网络拥挤而受到影响，导致性能降低。这是因为以太坊是联盟链的一种，单一的联盟链无法承载大规模的交易行为和高频率的应用使用。

所以，为了帮助联盟链解决性能问题，侧链技术等辅助技术就被不断地开发出来。

2. 需求问题

联盟链的需求问题主要是指来自实际应用场景的业务需求问题。在实际应用场景中，隐私保护需求、政策需求等多样化的需求使联盟链单一的架构体系受到了限制，联盟链的单一性决定了它不能很好地满足这些多样化的需求。因此，现实场景中的需求问题就要求新一代联盟链在架构体系上的革新与发展。

目前，联盟链有了一个比较明确的发展要求，“本体网络”提出：新一代联盟链应该是一个由公共服务链等各种业务链交织的链网，而不再是原先那种单一的联盟链。

之所以要形成一个链网体系，是因为在链网体系上，联盟链的性能会得到良好的扩展：不同业务可以实现不同形式的划分，不同的协议群可以将不同的业务进行对应的串联，不同的链网体系也可以通过不同的协议群来支持。这里所说的协议群是依据不同场景形成的，包括实体映射、分布式数据交换等内容。

“本体网络”是新一代的基础联盟链。在自主创建的联盟链基础上，“本体网络”还涉及了一个名为“超融合链网结构”的网络架构，主要由高性能区块链框架、协议群、业务链、公共服务链四部分组成，如图 6-8 所示。

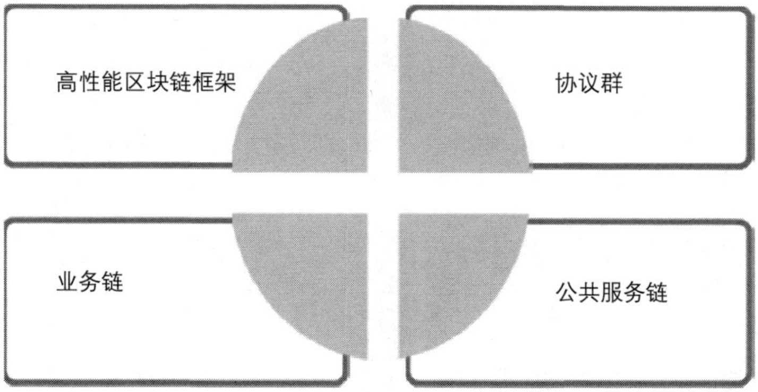

图 6-8　“超融合链网结构”的网络架构

1. 高性能区块链框架

本体区块链具备了定制化的架构体系。因此，高性能的本体区块链不仅可以支持高性能联盟链的运行，还可以支持各类业务链的定制化建设。

2. 协议群

本体区块链可以依据不同的业务场景以协议群的方式提供各类交互协议。协议群的主要目的是使本体区块链具备更优质的扩展性，从而令协议群在同一个应用场景下最大化发挥自身的作用，尽可能多地去支持不同的协议。协议群有用户授权协议、分布式数据交换协议、本体身份标识协议、事务协作 / 跨链资产交换协议、更多业务性专项协议等。

3．业务链

基于基础性的联盟链，各行各业的不同业务场景都可以拥有自己的业务链，独特的业务链能够更好地满足不同场景下的要求。业务链融入本体链主要有两种方式：业务链之间相互合作和使用基础服务。业务链之间相互合作主要指为一些特定的跨链业务提供专门的协同支持；使用基础服务主要指业务链用基础服务联盟链来获得基础性服务，比如实体认证等。

4．公共服务链

“本体网络”自主创建的联盟链是为本体基础服务的联盟链，换言之，本体网络是用一条或多条自主创建的联盟链来实现基础性服务的。公共服务链既可以为各类业务链提供基础性的通用服务，也可以为各类业务链的性能提供保障，为其分担一些基础服务的模块。

另外，“本体网络”自主创建的基础服务联盟链的业务设计，包括了通用化支持和定制化设计两方面的内容。在通用化支持方面，数据资源管理模块、智能合约交易模块、点对点通信模块等都用于数据交易；在定制化设计方面，松耦合设计、单一模块单一功能、水平扩展等均来自基础性服务的联盟链。

通过基础化模块的设计和新一代基础服务联盟链的设计，“本体网络”为新一代基础联盟链的研发提供了一个全新的思索方向，区块链开发者可以更为快速地建立起适合不同行业与不同业务场景使用的去中心化应用。

总之，“本体网络”是一个具有开放性和协同性的分布式社区，具有良好的开拓前景。

在联盟链的发展演进中，“人人可用”的性质没有改变。如上述“本体网络”的链网体系为应用于各类行业的通用型协议提供了支持与帮助。例如，先前提及的分布式数据交换协议和分布式的身份认证框架等。“本体网络”从技术和架构体系这两个方面入手，将公共服务链与各类业务链串联，建立起一个受公众信任的高性能且可跨链协作的链网体系。

6.3.2　私有链模式：整合信息流、物流和资金流

私有链不同于公有链“人人可用”的特点，它的用户需要被筛选。私有链的数据写入权限只由一个单一组织掌控。例如，一家企业，并且其访问权限也具有一定程度的限制，私有链没有和公有链同等的对外开放程度，它基本上只在内部系统中运行。

尽管私有链具有一定的封闭性，但也得益于此，私有链的节点数量虽少却不会降低节点之间的信任度，而且交易不需要让每一个节点都来验证。因此，私有链的交易速度非常迅捷，比其他两种类型的区块链快得多。

私有链中的数据信息具有私密性，不会随意地被任何一个联网的人获取。这也是私有链会被大多数企业采用的原因所在。因为私有链在内部运行，所以当私有链只由一个单一的实体机构来处理所有的交易信息时，在私有链上便可以进行免费的或是比较廉价的交易，而不必再收取费用。

私有链对交易产品的保护性能被当前的一些金融机构看好。例如，对于银行类的金融机构而言，比特币这种不具有国家性质的新型货币打击了传统金融机构的核心利润，为了保护自身交易产品不受损害，银行类的金融机构纷纷应用私有链。

依据上述所言，私有链的特点可以被归纳为以下三点，如表 6-2 所示。

表 6-2　私有链的特点

1. 对隐秘数据和交易产品的良好保护
2. 交易速度迅捷
3. 交易成本大幅降低

与高度去中心化的公有链不同，私有链的去中心化程度并不高，但是依然受到一些企业的欢迎。比如企业试图去掉一些比特币的负担，像比特币挖矿引起的高能耗问题，此时私有链就非常适合企业使用，因为企业可以依据自身的具体情况来开发私有链。

不仅是公有链，以透明机制来提升工作效率和创建信任也是私有链的关键。一个企业可能会有多个分部，各分部之间可能存在效率低下的问题。同时，各分部之间交流的数据信息还需要第三方的中介机构来进行保障。这些问题都可以在私有链的帮助下得到解决。

第 7 章

区块链 + 资产证券化 ABS

很多专家认为，证券领域引入区块链技术是十分有必要的。首先，证券在金融市场占据着十分重要的地位；其次，证券具有十分明显的流动性；最后，现代金融市场都在追求速度和效率，而证券领域的速度和效率的提升对其发展是很重要的，区块链技术的引进就可以很好地解决这一问题。不少著名的证券机构都推出了独具特色的区块链证券交易平台，这也反映出了区块链技术进入证券领域这一时代的到来。

在当今证券领域，传统的证券平台及交易方式越发显露其弊端，信息不全、难以分析、真假难辨、信息不对称等都阻碍了资产证券化的发展，而引入区块链技术之后，就可以很好地解决资产证券化的这些问题，利用区块链技术的优势，消除向前发展的障碍，有效地提升了资产证券化的速度和效率。本章就讲解区块链技术在资产证券领域的应用。

7.1 资产证券化的弊端

随着信息化进程的快速发展，资产证券业也随之发生了巨大变化，证券化业务的不断增多对传统的业务模式提出了挑战，使传统业务模式的弊端日益显现，这些弊端成为资产证券化向前发展的阻力。那么传统的业务模式有哪些弊端？主要表现在以下几个方面。

7.1.1 缺乏完善的信用体系

在越来越多的场景里，我们感受到了信任的力量。例如，当你租房时，良好的信用可以免押入住；当你使用共享单车时，良好的信用也可以免交押金等。每个人的信用都有一个评价，把它用在金融领域就会产生价值，不同的信用产生不同的价值。

目前，我国最具权威的信用报告来自中国人民银行的征信中心，其征信来源主要为银行的信贷记录。在我国还没有一个完善的信用体系，信用好的人不一定有更高的信用分数，失信的成本也很低。

除银行之外，在征信体系里发挥重要作用的就是互联网，相对于传统征信，它的范围更加广泛。互联网的应用为征信体系提供了新的思路与途径。互联网可以通过技术手段获取每个人在许多领域的信用，但互联网征信也不是万能的，如果一个人很少用网络进行交易，那么他的信用记录就很难被监测到。

资产证券化指的是为了增加企业或金融机构所持有的资产或债权流动性，将资产或债权做担保，设计并发行证券，公开出售的方法。而征信体系的不完善使资产证券化面临极大风险。

征信体系的不完善的确是为资产证券化带来了风险，但企业及金融机构对于风险管理的疏忽也增加了风险发生的可能性。企业内部的风险管理隐患具体表现为以下三点，如图 7-1 所示。

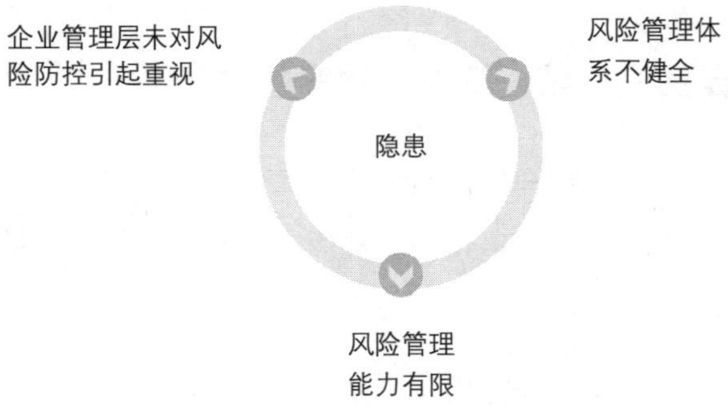

图 7-1　企业内部的风险管理隐患

1. 企业管理层未对风险防控引起重视

由于以往监管体系对风险管理的要求过高，导致传统的风险管理多为常规管理，未在监管体系上进一步提出对风险管理的要求。风险管理得不到足够的重视，很多企业管理层对风险防控的关注度和理解都不够。

2. 风险管理体系不健全

一些企业在部门体系的建立中，风险部门被忽略，或是建立了风险部门，但它的独立性不高，权威性也得不到保障，导致其在企业里的影响力并不大。

3. 风险管理能力有限

即便是一些企业建立了风险部门，它的能力也十分有限，没有建立全面的风险评估和管理手段，在发现风险时也拿不出行之有效的办法。

由于企业或金融机构对风险管理没有足够的重视，使得资产证券化的双方对风险的应对力都很薄弱，一旦产生信用危机，对资产证券化的顺利进行将是巨大的挑战。

7.1.2 资产评估没有统一标准，易产生风险

资产证券化中存在的缺陷还包括对资产评估没有统一标准，易产生风险。要想分析资产评估中的风险，首先要了解资产评估的流程，按照时间顺序，资产评估过程主要有以下几步：

1. 就资产评估向政府有关部门提出申请，获得批准文件。

2. 聘请评估机构对本公司资产进行评估。

3. 就资产评估事项与评估机构协商，确定评估报告书。

4. 根据评估机构出具的评估报告书，向政府有关部门申请取得资产评估结果。

5. 经政府有关部门确认通过后，取得政府该部门发放的资产评估确认书。

评估质量的结果无关评估人员的利益，有损评估人员的积极性，这可能会给企业带来潜在的风险。且资产评估在我国发展历程短，这方面的法律法规建设还很不完善。不同部门有不同的行政法规，形成评估行业多头管理、评估标准不统一的现象。那么资产评估具体有哪些风险？资产评估的风险主要表现在四个方面，如图 7-2 所示。

图 7-2　资产评估的风险

1. 法律法规不完善带来的风险

目前，我国在“中国注册资产评估师法”的立法方面还是一片空白，评估行业内部也没有完善的法规体系，并且国内的评估监督体系尚未形成，评估人员的评估也缺乏法律依据，这一切都使资产评估的公正性难以保障。

2. 政府行政管理部门不统一带来的风险

目前我国资产评估的行政主管部门不统一，各部门在具体实施管理职能时交错纷杂，影响了资产评估工作的正常进行。

3. 市场信息匮乏带来的风险

资产评估在我国只有十几年的历史，由于其发展的不完善，估价标准也没有统一，再加上市场交易信息和相关技术参数不多，信息的可靠性不高等，都增加了评估师的评估风险。

4. 行业自身处于发展初期而产生的风险

我国资产评估行业形成的时间较短，资产评估的理论与实践都处于探索阶段，资产评估体系尚未形成，使评估人员的评估缺乏依据。

由于资产评估法律法规不健全、市场信息不完善、人为操作性大等诸多问题，资产评估的准确性不易把握，自然对之后进行的资产证券化的顺利进行带来极大的隐患。

7.1.3 交易流动性太低、难以反映真实资产状况

目前，资产证券化交易正面临着巨大的困境，即流动性太低，难以反映真实资产状况，这也是阻碍其发展的一个重要因素。而造成该困境的原因主要有以下几点：

1. 资产证券化商品的特性

如今我国的资产证券化商品被设计为结构化产品，股权 + 债权的分级结构为投资者的购买提供了选择，但事实上，优先级收益结构固定，资金多来源于银行，次级为发行人所持有的股权结构，需自己打款到产品账户，为优先级份额提供足额担保。最后能够上市的，却是优先级份额，这使得大多数持有者以到期获得预期收益为目的，中途转让的情况极少，这是其在市场上流通性较差的根本原因。

2. 交易市场及交易主体范围狭窄

目前，我国资产证券化商品的交易市场有银行间市场和交易所市场，而两类市场的参与者多为机构投资者，例如，基金、银行等。机构一般又以自身资产发行为主，并不以套利交易为目的。同时，两种交易市场相互独立，具有不同的监管体系和市场构架，使双方市场很难共融互通，对市场流动性产生不利影响。

3. 定价复杂

证券的定价复杂也限制了资产证券化商品的流动。资产证券化商品的本

金是一步步偿还的，这使得计价或久期的计算都十分烦琐，并且由于市场上没有同类型的商品做对比，很难定价。因此，交易双方很难对价格形成共识。资产证券化商品还影响了资产池的变化，而且很难评估其现金流，由于对证券在认识上不一致，报价也难以谈拢。证券的定价困境制约了其流动性。

4. 资产的波动率平缓

股票、债券等二级市场的流动性取决于价格的波动，即供需平衡的打破、再平衡和再打破。原因在于市场中信息透明度较高、交易成本较低、无法达到预期和对资产价值的估值偏差等，使波动率增高，从而提高其流动性。而对于资产证券化产品来说，资产的未来现金流回流比较平缓，不会产生很大的预期偏差，流动性自然变低。

资产证券化商品的特性、交易市场的封闭、难以定价、资产波动平缓等共同制约着它的流动性，使之不能反映资产的真实状况。

7.1.4 参与方较多导致信息不对称

在整个资产证券化流程中，参与方较多，流程复杂，容易出现两方信息不对称的情况。首先，我们来了解一下在资产证券化中都有哪些参与方。

1. 发起人。发起人是资产证券化的开始，也是基础资产的卖方。

2. SPV。SPV 是以资产证券化为目标而建立的独立法律主体，是发起人和投资人之间的中介机构，是资产证券真正的发行人。

3. 信用增级机构。信用增级机构是为发起人做担保以获得更高的信用评级，其主体可以是政府机构、金融担保公司等。

4. 信用评级机构。信用评级机构对资产进行评级，评级信息有助于 SPV

作出更准确地资产评估。

5. 承销商。承销商为证券的发行制定销售方案并执行，帮助证券成功发行。

6. 投资人。投资人为证券的购买者。

在资产证券化的过程中，以上的每一方面的参与方都发挥着重要作用，其中任何交易双方之间的信息不对称，都会使资产证券化承担风险，主要表现在以下几个方面：

1. 发起人与 SPV 之间信息不对称

一般来说，资产证券化的发起人对资产比 SPV 拥有更多地了解，发起人在资产证券化的过程中，为了能抬高售价，可能会故意隐瞒一些重要的信息。发起人对证券化资产的实际情况可能与合约上不完全一致，例如超额抵押、优先与次级结构等方面，发起人可能会向 SPV 隐瞒这些不利于资产证券化的信息。

2. 发起人与信用增级机构之间信息不对称

发起人对证券化的资产有更多的了解，处于优势地位，为了能降低第三方担保机构的费用，发起人也会隐瞒对该资产不利的信息，使第三方担保机构的利益受损。

3. SPV 与信用评级机构之间信息不对称

信用评级机构是 SPV 的代理人，在双方交易中容易存在道德风险。信用评级机构获得该资产的有效信息及之后对该资产的监督，需要花费大量人力物力财力，成本偏高。因此，信用评级机构有偷懒的动机，由此信用评级机构和 SPV 同样存在信息不对称的问题。

1．信用评级机构与发起人信息不对称

信用评级机构作为 SPV 的代理人对发起人的资产进行评估，需要发起人提供该资产的完整、准确的信息，而评级机构在这个过程中同样容易受到蒙蔽，发起人为了获得较高的信用评级会隐瞒该资产的一些不利信息，从而影响信用评级机构作出的评级水平，对投资人的利益有很大的损害。

2．发起人与投资人之间信息不对称

通过上面的分析，我们知道信用评级机构与 SPV 之间的问题，会让信用评级机构出现道德风险，评级机构也不可能获得需要的全部信息，如果它又不能认真履行其职责就会损害投资人的利益。而投资人由于其分散性和信息的闭塞性，相对于发起人对证券化资产的了解更少，且不能通过有效手段监督发行人的行为，因此，信息不对称会使投资人遭受更惨重的损失。

总而言之，在信息不对称情况下，SPV 要为促使评级机构努力工作需要支付更高的报酬，承担更多的风险。信息不对称也使得资产证券化中的参与者之间的交易风险提高，交易成本增加。

7.2　区块链证券交易系统

区块链技术是数字虚拟币的技术基础。区块链技术也被称为分布式账本技术，是一种互联网数据库技术，其特点是去中心化、信息公开，每个人均可参与数据库记录。

如果我们把数据库看成一本账本，读写数据库就是一种记账的行为，区

块链技术的原理就是找出记账又快又好的人，由这个人来记账，然后将账本信息发给整个系统里的其他人。所以区块链技术也称为分布式账本。

区块链技术具有分布式、去中心化、加密安全性等特征，使得交易双方无须相互信任就可以完成他们的交易。下面就为大家讲解一下区块链技术进入证券交易系统带来的优势。

7.2.1 保证信息安全与个人隐私

因为目前的证券及资金管存制度并不是非常完善，而且相对较为宽松，再加之场外创新产品都会有非常强的复杂性，所以，如果与场内交易相比的话，场外交易的风险会更大，主要体现在证券交割、合约履行等方面。这里值得一提的是，对于监管机构而言，一旦发现场外交易中的违约情况，就很难对市场风险和最大损失进行准确评估。从而引发非常严重的系统性风险。

而区块链则可以承担中央证券机构所承担的一系列职能，例如，强制执行职能、数据中心职能、信用担保职能等等。不仅如此，区块链还可以大幅度减少执行这些职能的所需成本，并将其中的风险降到最低。

众所周知，在区块链证券交易系统中，已经录入区块的数据不仅能被快速复制到每个数据块中，而且任何人都不可以对其进行篡改。这也就表示，录入到区块链上的信息会被展示出来，产生公示效果，所以，交易过程中的争议就可以被有效地避免。

在交易双方发布交易指令的过程中，最少不了的就是加密后的数字签名，在对数字签名、交易双方资金偿付能力、数字交易有效性进行验证的过程中，最少不了的则是加密算法。而不管是加密后的数字签名，还是加密算法，都是区块链所能提供的，再加上区块链还可以在加盖时间戳的前提下，将交易记录到共享账簿中。所以，在确保交易的真实性和完整性方面，区块链确实能够起到非常重要的作用。

另外，由于区块链具有不可篡改的特性，所以篡改交易就会是一件非常困难的事情。在这种情况下，交易双方、监管机构就可以对交易进行确认和追踪，而区块链也承担起了信用担保、数据中心等重要职能。

应该知道，结算清算机制具有非常强大的作用，可以消化任何交易方可能的违约风险。而区块链则可以记录交易双方的交易记录，并且还会保留多个非常完整的副本，在这种情况下，无论是对交易记录进行篡改还是伪造，都是不可能实现的，也就相当于权益市场的高透明性有了保障。另外，由于交易记录是不可以被篡改和伪造的，因此可以保证证券和资金的有效交割，从而最大限度地降低场外交易中的系统性风险。

不过，必须承认的一点是，对于证券交易所来说，区块链是一把双刃剑，一方面，使场外交易风险得以大幅度降低；另一方面，证券交易所的收益也比之前少了很多。因此，证券交易所要想弥补收益的话，就必须学会利用区块链去开发新的数据服务。

7.2.2　百度金融大数据风控和黑名单筛选

消费金融场外 ABS 是百度金融的特色品牌，目前，百度金融已经打造了一类独具特色的 ABS 业务。而技术实力是百度金融 ABS 业务稳步发展的基础，百度金融通过在大数据、AI、区块链等技术的研发，成为其领先于传统金融机构 ABS 业务的重要优势。

关于资产的筛选，除了利用传统的常规尽调手段，百度金融还利用自身强大的数据积累与分析能力，利用大数据风控和黑名单筛选，发现一些传统风控手段难以发现的有风险的资产。大数据风控结合传统尽调手段，是百度 ABS 业务获取优质资产的重要保障。

在百度金融大数据风控和黑名单筛选中，百度金融研发的以大数据、AI、区块链技术为代表的大数据风控产品，具有身份识别、反欺诈、信息核验等多方面的优势。例如，利用大数据风控和黑名单筛选体系，能有效识别骗贷团伙，发现信贷领域的潜在风险。

创新技术是大数据风控的核心竞争力之一。从数据收集到数据应用的流程中，涉及大数据、AI、区块链、物联网等多种技术，所谓的金融大数据，是数据流程中使用到的所有技术，而不只是数据分析技术，如图 7-3 所示。

	大数据	AI	物联网	区块链
数据应用	✓	✓		
数据分析	✓	✓		
数据存储	✓			✓
数据收集	✓		✓	

图 7-3　百度金融大数据风控和黑名单筛选中所应用的技术

从图 7-3 我们可知，在整个数据流程中，大数据的应用最为成熟，AI 的应用也有很大的发展空间，物联网在数据收集方面的作用不容忽视，而区块链技术在数据存储方面的优势正在逐渐显露。

在大数据风控技术中，区块链技术的应用实现了数据共享，解决了数据孤岛的问题。具体来说就是，区块链技术建立的信任机制解决了数据共享的信任问题，保证了数据的统一。通过区块链建立的数据共享平台，实现了数据的实时共享，使金融机构获取数据的成本大大降低。

区块链在数据存储方面的应用正是它在发展初期在数据流程中崭露头角

的表现，根据区块链技术强大的生命力和良好的发展势头，我们有理由相信在未来，区块链技术将发挥更大的作用。

7.2.3　实现底层资产质量透明度和可追责性

之前震惊一时的“e 租宝”事件就充分显露了网贷平台的缺陷，投资人信息闭塞，对所投资金的流向并不清楚，待资产被转移之后，投资人的严重损失已无法挽回。

而区块链技术的应用就可避免这一问题的发生，区块链技术进入证券交易系统的公开透明和可追溯性实现了底层资产的质量透明度和可追责性。

区块链技术的使用，将证券金融产品的现状实时记录在区块链上，各节点对信息进行确认生效后，统一共识且不可篡改。同时，区块链技术的可追溯性和各节点信息实时更新的自动性，使得资产投资人能够清楚地了解或查看项目进展的全过程与最新进展，资产流向的透明度保证了资产的可信度，投资选择自然就更具安全性。

区块链的可追溯性是指，人们生活中产生的所有数据都会被区块链所记录，这些数据真实可靠且不可篡改。这就表明，人们产生的数据都能够被追溯到。

区块链的可追溯性使资产证券化活动更加有保障，在以下几个方面能够得到很好的体现：

1. 对资产流向进行实时监管

区块链的可追溯性使得资产流向公开透明，投资人可进行实时监控，若发现资金流动异常等情况，可及时终止投资，防止自己的利益受到损害。

2. 提高金融机构的法律意识和自我监管意识，规范金融机构行为

一些金融机构在资产证券化过程中，由于法律意识淡薄，容易走一些弯路，或者一些别有目的的金融机构，钻信息不透明的空子，进行非法集资等违规行为。而应用了区块链技术被之后，它的透明和可追溯性都对这些不法之人起到了震慑作用，迫使他们严格规范自己的行为。

3. 可有效追责

若一些金融机构铤而走险，从事违法犯罪活动来牟取暴利，可追溯性使金融机构全部交易的历史信息都有据可查，挪用公款、非法集资等犯罪活动将在区块链上留下证据，有利于警方掌握犯罪证据。发展区块链技术有助于破获犯罪活动，可以作为法律体系的补充性手段降低犯罪率。

区块链的可追溯性具有缓解信息不对称的作用，以及由信息不对称引起的风险等，总而言之，区块链的可追溯性有利于各方面对金融机构的监督。在没有严格监管的环境中，金融机构可能不遵守借款合约，将所得贷款用来经营高风险高收益项目，最终对投资人利益造成重大损失。

区块链将交易透明化，所有接入的节点都能通过追溯交易历史核验金融机构运行是否合规，有利于简化业务流程，维护金融稳定及防范金融风险。

第8章

区块链＋征信

近年来，我国信贷市场极为火爆，个人信贷发展迅猛，信用卡业务增长迅速，网络信用消费也受到人们的热烈欢迎。我国企业信贷规模也在逐年增长，但随之而来的，商业银行不良贷款额以及不良贷款率也在不断上升，种种情况表明，市场对征信系统提出了迫切需求。

然而，我国互联网征信的发展依然处于初级阶段，存在信用信息采集不准确、孤岛信息严重、征信成本高等诸多问题，这些问题该如何解决？区块链技术在征信行业的应用打破了传统征信模式，为这些问题提出了解决的办法。本章就讲解一下目前征信行业存在的问题以及区块链技术是如何解决这个问题的。

8.1 征信行业四大难题

我国企业信贷规模增长迅速，消费信贷的不断扩张急需完善征信体系的支撑，这为征信行业的发展带来了机遇，但同时也带来了诸多问题。随着信贷市场的日渐活跃，随之引发的问题也日益突出。

8.1.1 个人信息安全难保障

个人信息安全一直是舆论的热点。让人焦虑担忧，互联网时代，我们的个人信息安全面临怎样的风险？谁又是个人信息泄露的幕后黑手？

相关资料显示，电商和社交平台等非法采集消费者个人信息的现象已经成为消费投诉新热点，位列投诉榜榜首。此外，遇到过个人信息泄露情况的人数占比也比之前大了很多。如此严峻的现实情况让人不得不对个人信息安全引起重视。

个人信息包涵多个方面的内容，我们首先要对个人信息有充分的了解，个人信息主要包括以下三个方面：

1. 个人隐私信息

个人隐私信息指个人不愿公开的秘密，这是属于隐私权保护的范围。

2. 个人身份信息

个人身份信息包括身份证号码、电话号码、个人账户信息等。个人信息是受法律保护的。

3. 衍生数据

衍生数据是对网络上留存的海量的个人数据进行加工处理形成的新数据。

个人隐私信息和个人身份信息都是受相关法律法规保护的，只有衍生数据才可以在大数据时代中进行商业处理。但在现实生活中却不是这样，我们几乎都有受到过骚扰电话或诈骗短信的经历，这就表明，我们的个人信息已经被泄露了。

事实上，最容易被侵犯的个人信息就是身份信息，各类商业推销、电话诈骗等多是基于个人身份信息泄露而出现的。有关报告显示，约 86.5% 的受访者曾收到推销电话或短信的骚扰，约 75.0% 的受访者接到诈骗电话，约 63.4% 的受访者收到垃圾邮件，这是最常见的三大问题。此外，个人还面临着收到非法链接、个人账户密码被盗等风险。

那么，谁才是个人信息泄露的幕后黑手？个人信息泄露的原因主要有两个，一是经营者未经本人同意暗自收集个人信息，二是经营者或不法分子故意泄露个人信息，个人信息泄露的源头就在于过度采集。手机 App 过度采集个人信息呈现普遍趋势。最突出的是获取位置信息和访问联系人权限，而这在很大程度上都是没有必要的。例如，像天气预报这类功能单一的手机 App，在安装协议中也要获取通信录权限，这就与必要原则相违背。

个人信息被过度采集导致个人信息泄露，并且这种信息泄露是悄无声息的，消费者并不能很好的防范，一旦信息泄露，就会对消费者的人身财产安全造成巨大威胁。

8.1.2 隐私被非法购买和倒卖

外卖对于我们来说都不陌生，用户每订一次外卖，就要将自己的信息上传一次。但这些隐私信息是否足够安全？

答案是否定的，事实上，有卖家专门出售外卖订餐客户的信息，包括电话、姓名、订餐地址等，每条信息的售价不到一毛钱。还有网络运营公司利用软件收集用户订餐信息，整理后倒卖给电话销售公司，甚至还有一些外卖员也成了客户信息倒卖的中介。

这种现象并不罕见，消费金融领域的信息泄露一直很严重，倒卖数据现象屡见不鲜。例如，用户在互联网金融平台申请贷款时，除填写电话号码、身份信息、银行卡等信息外，还要填写信用卡、车辆、甚至网购平台的消费账单等，这些数据经常被数据供应商拿来倒卖。

在互联网金融行业内，互联网金融公司获取消费者的数据成本比较高，造成了很多新兴借贷平台在购买数据防欺诈、降风险方面耗费了太多成本。又由于市场数据分散，互联网金融公司在购买数据时，往往批量购买，后由互联网金融公司整合构成自己的一个征信数据来源，这种市场需求，使个人信息买卖泛滥成灾。

个人信息买卖已形成一条规模大、环节众多、利益丰厚的产业链。这条产业链结构完整、分工细化，个人信息被明码标价，流通变现环节主要包含三个方面。

1. 上游环节负责提供货源，非法获取他人个人信息，主要来自黑客攻击和相关人员外泄。

2．中游环节负责对从上游处获取的个人信息进行加工处理，以买卖或交换等形式形成交易市场。

3．下游环节负责应用实施，将所获个人信息通过电信诈骗、恶意营销等不法手段来获取高额利润。

虽然我们了解到个人信息泄露的源头和个人信息买卖的流程，但若想彻底解决这一现象却是十分困难的，原因就在于个人信息交易产业链具有以下三个特点，如图 8-1 所示。

图 8-1　个人信息交易产业链的特点

在个人信息交易产业链隐蔽性多样性与复杂性这三个特点的影响下，监管部门对此种现象的查处也变得十分困难。在信息泄露不断发生的情况下，相应的技术安全规范和要求仍未出台，公民的个人信息仍处于“危险期”。

8.1.3　信息孤岛愈发严重

征信行业的第一个突出问题就是信息孤岛严重，而这一问题也导致了征信机构与用户信息的不对称。信息孤岛指的是交易各方之间不进行信息的共享交换、也不进行功能的联动贯通。在这种情况下，就会出现信息、业务流程、应用三者互相脱节的现象。

随着信息技术的迅猛发展，企业的IT应用也处于不断进步的状态，而且也已经发生了不小的变革。与企业的其他变革相比，IT应用的变革速度似乎要快得多，这也就表示，当企业的IT应用发生变革时，之前的应用很可能就不再与之相配套，而之后“更高级”的应用也很可能不再与之相兼容。如果从产业发展角度进行分析的话，信息孤岛的产生就具有必然性。

各个行业逐渐向数据化靠拢，其中最具代表性的是医疗、金融、零售等行业。对于任何一个互联网金融相关方而言，征信都是最为基础的必备配置，而在风险管控当中，征信体系也是一项极为重要的核心内容。

征信行业的良好发展对金融行业也产生了深刻影响，最值得注意就是金融行业的客户监测达到了动态风控的目的。由于互联网技术的数据化特征已经越来越明显，传统的评估、交易形态也发生了很大变化，在这种情况下，所有的信用都要以数据为基础。

可以预见，未来很长一段时间，数据对于信用的作用依然不会减弱。也就是说，能被数据化的事物都可以成为信用，而信用则可以成为企业的宝贵财富。因此，在当下这一互联网时代中，最重要的任务应该是让大数据征信变成互联网金融的强大推动力，对信用体系进行重新构建，通过新技术解决之前无法解决的难题等。

在经济下行的影响下，互联网金融行业的坏账率也有了很大提升。对于互联网金融平台而言，企业征信已经变成了一个必不可少的需求，然而外部需求的不断增加也使企业征信机构难以获得良好发展。由此看来，信息孤岛确实是征信行业的突出问题，需要立刻被解决。征信行业会出现这一突出问题的主要原因主要有以下两个方面。

1. 中国还没有确立数据归属权

在数据归属权还没有确立的背景下，为了保护隐私，各征信机构宁可画地为牢，也不愿意把自己手中的数据分享出去。这样一来，各机构之间就无法实现数据的共享交换，进而导致了信息孤岛的产生。

2. 技术架构方面存在问题

在征信行业当中，技术架构方面的问题也比较严重，正因为如此，数据很难在各个机构和各个行业之间共享，久而久之，就产生了征信行业中的信息孤岛。

毋庸置疑，信息孤岛已经严重影响了征信行业的良好发展，但任何事情都具有两面性的，也正是由于信息孤岛的存在，那些优势机构才会被凸显出来，才能推动自身不断进步。在这样的大背景下，无论是征信机构还是企业，要想提升竞争优势并在征信市场占据有利地位的话，就必须掌握更加全面的数据资源。

8.1.4　数据源争夺战引发大量成本消耗

中国企业联合会提供的数据显示，在中国，每年由于诚信问题而导致的经济损失已经超过了 6000 亿元。从某种意义上来讲，这也是中国征信行业发展不成熟的一个表现。发展得足够成熟的征信行业对于任何国家而言都是一大幸事。一方面，可以推动国家经济的不断进步，另一方面，可以稳定国家的社会秩序，从而尽快建立起完善的社会信用体系。

目前，中国征信行业的发展才刚刚起步，蕴含的市场空间是非常巨大的，在这种情况下，中国各方都应该、也有义务参与到开拓征信市场的工作中来。

提到征信，首先想到的是数据源问题。因为对于征信行业来说，数据源是最关键的基础生产材料。虽然美国征信产业链中的核心环节并不是数据采集，但是在中国，数据源争夺战迟迟没有结束，而且成本还变得越来越高。那么，究竟是什么原因才导致这一情况出现的呢？如图 8-2 所示。

图 8-2　引发数据争夺战的原因

1. 数据采集渠道非常有限

在中国，数据采集渠道非常有限，专业数据提供商以及交易平台也非常稀缺，这也就表示，占有更多数据源的征信机构就可以获得最为关键的竞争优势。不过，在占有更多数据源的过程中，征信机构需要耗费大量的成本。

为了达到相互之间共享数据的目的，美国征信机构采用了收费的方式。然而在中国，因为数据源与机构核心竞争力息息相关，所以绝大多数征信机构都不会将自己的数据分享出去。这样一来，中国各大征信机构之间的数据互通就变得少之又少，从而对数据的应用及拓展产生了严重影响。

从目前的情况来看，在数据共享方面做得最好的就是央行征信中心。波士顿咨询提供的数据显示，央行征信中心已经收录了近 10 亿位自然人的信息，但是其中只有 3.5 亿位自然人是信贷数据，其他自然人都是十分简略的身份信息。

由此来看，中国的数据共享之路还非常遥远。除了央行征信中心以外，也有很多社会征信机构希望可以实现数据共享，从而打破数据孤岛，然而它们却面临着非常多的难题。例如，金融机构不愿意进行数据反馈、数据共享进程极为缓慢等。

实现了数据共享不仅可以让征信机构更加重视征信产业链中的其他核心环节，也有利于形成数据闭环，从而使数据资源供给得到进一步优化。因此，必须要先把数据共享这一难题解决，才可以停止各大征信机构之间的数据源争夺战。

2. 数据采集场景被割裂

除了公安、保险、银行等线下场景以外，有效数据的采集场景还包括电商、社交等线上场景。对于征信机构而言，要想在征信行业中占据优势地位，就必须和各种各样的部门和平台进行对接，并建立起非常密切的数据联系。然而在这一过程中，数据采集场景依然是单个的数据孤岛，而且还体现出了割裂化的特征。

目前，数据源依然存在非常严重的散乱问题。例如，分散在线下门店和线上旗舰店等不同场景中的消费数据、没能实现标准化处理的金融数据、具有多个开放场景的公安数据等。

为了将各个场景中的数据整合在一起，绝大多数征信机构都采取了合作、自爬、购买等方式，这也大幅度增加了数据源争夺战的激烈程度。

3. 缺少最强相关数据源

在数据源中，有强、中、弱三个程度的变量。其中，强变量指的是某些金融数据，例如，外汇、信用卡、民间借贷、信贷等；中变量指的是源于各类电商平台的交易数据，例如，商品销售、消费者消费等；弱变量指的则是来自于互联网平台的游戏、社交等数据。

可以看到，最强相关数据应该是由金融机构掌握的金融数据，征信机构想要获得这类数据是非常困难的，多数征信机构可以获取的只有那些中、弱相关数据。例如，消费者的消费记录、网友的社交记录等。因此，为了获取那些非常稀缺的强相关数据源，征信机构就要使出浑身解数，这也在一定程度上使数据源争夺战变得更加激烈。

以芝麻信用为例，其需要通过互联网和用户自己上传资料的方式来获取线上数据，而获取线下数据的方式则是与公共部门、商家达成密切合作。与此同时，为了让用户得到相应的芝麻分，芝麻信用还要对收集来的所有数据进行分析和评估。信用评估信息综合了与芝麻用户相关的多个维度，例如身份特质、人脉关系、行为偏好、履约能力、信用历史等。

其中，身份特质、人脉关系是两个弱变量，也比较容易获取；行为偏好是中变量，指的是用户在某些活动（理财、购物、缴费等）中的偏好和稳定性；而履约能力、信用历史则是两个强变量，这类的数据非常稀缺，也难以获取。

实际上，大多数征信机构也面临着数据质量问题，因为采集和处理数据的标准并没有一个统一且明确的规定，所以经常会出现一些棘手的难题。例如，重要信息缺失、数据录入失误、信息主体不明等。在这种情况下，除了征信机构成本会大幅度增加以外，证券交易效率也会变得更低。

8.2 区块链融入征信系统

区域链技术有强大的生命力和适应性，可以与金融行业的与多方面进行融合，征信系统就是其中一个。前面已经详细阐述了征信行业存在的突出问题，那么区块链技术进入征信系统是否可以有效解决这些问题？答案自然是肯定的。

区块链融入征信系统不仅可以实现数据共享，还可以提高数据信息的有效性，极大地提高了征信系统的效率，下面就来讲述区块链技术融入征信系统的优势。

8.2.1　助力数据共享交易，打破信息孤岛

区块链具有去中心化、不信任机制、不可篡改、可追溯性的本质特征，因此，从技术层面的角度来看，区块链不仅能够为相关数据隐私提供有力的保障，还可以使信用数据的共享和验证变得更加容易管控。

针对上面提到的征信行业的突出问题，区块链可以被应用在数据共享交易这一领域。例如，面向征信相关行业的数据共享交易，建立一条区块链基础上的联盟链，从而搭建一个数据共享交易平台，不仅可以把参与各方的风险和成本尽可能地降到最低，还可以使存储、转让、交易信用数据的速度大幅度提升。

一般情况下，数据共享交易平台节点成员的类型是多种多样的。例如，用户、征信机构、政府部门、医院、互联网金融企业、保险、银行等。另外，平台主要有以下两种共享交易模式。

1. 征信机构与征信机构之间实现用户信用数据的共享

通常来讲，征信机构除了可以作为数据查询使用方以外，还可以作为数据提供方，而各大征信机构正是这种模式下的主要参与节点。下面就以征信机构 A、B 为例进行详细说明。

如果征信机构 A、B 都是自己保存原始数据的话，那么在区块链的助力下，双方共享用户信用数据的步骤就可以分为以下几个：

（1）从各自的中心数据库中提取少量摘要信息。

（2）通过区块链广播，将提取出来的信息保存在区块链中。

（3）当征信机构 A 想要查询用户 C 的信用数据时，需要先把自己所在节点中的摘要信息查询出来，然后再和征信机构 B 中与用户 C 有关的摘要信息进行匹配。

（4）在区块链的助力下，征信机构 B 就可以收到征信机构 A 的查询请求，并在第一时间向用户 C 请求授权。

（5）得到用户 C 的授权后，征信机构 B 就可以从自己的中心数据库中提取用户 C 的信用数据。

（6）征信机构 B 成功拿到用户 C 的信用数据以后，就可以将其发送给征信机构 A（这里值得注意的是，征信机构 A 要想得到用户 C 的信用数据，必须要向征信机构 B 支付一定的费用）。

（7）征信机构 A 支付完应支付的费用以后，就可以把用户 C 的信用数据存到自己的中心数据库。

可以看到，在这整个过程中，因为引入了区块链技术，所以征信机构 A 既可以获得来自征信机构 B 的信用数据，又可以保证自己的核心信用数据不会被泄露。

2. 从其他征信机构获取用户信用数据

引入区块链技术后，如果征信机构想要从其他征信机构获取数据的话，就必须要经过以下几个步骤，如图 8-4 所示。

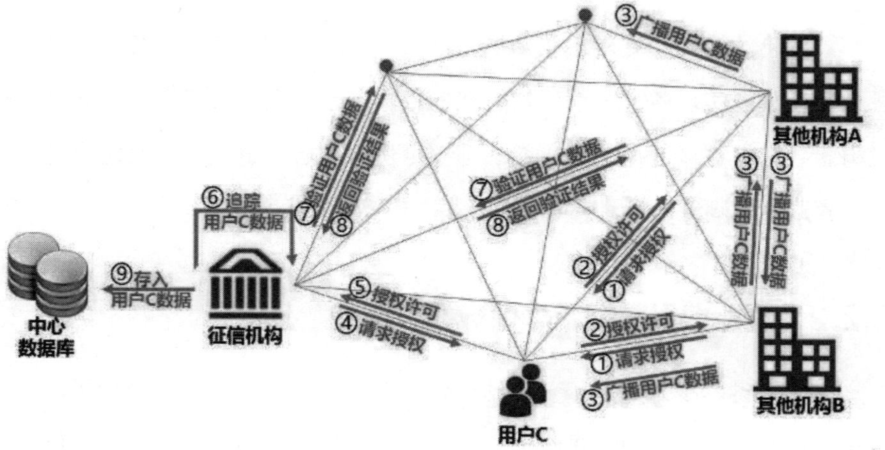

图 8-4　从其他征信机构获取用户信用数据的流程图

（1）征信机构向其他机构 A、B 传达数据查询请求。

（2）其他机构 A、B 向用户 C 请求授权。

（3）得到用户 C 授权以后，其他征信机构 A、B 需要把与用户 C 数据有关的各个环节添加到区块链当中。另外，值得一提的是，区块链上只会显示有关用户 C 地址属性的数据，并不会把用户 C 的隐私泄露出来。

（4）其他征信机构 A、B 在自身节点中追踪这些数据，并获知用户 C 的某些过往数据，例如，目前基本债务情况、还款记录、逾期记录、贷款记录等。

（5）通过区块链技术，征信机构对所获用户 C 数据的真实性进行验证。

（6）如果数据真实性没有问题的话，征信机构就可以将其存入自己的中心数据库，然后再对用户 C 的信用状况进行更深层次的分析判断。

在该模式当中，因为实现了数据的多源交叉验证，所以数据的真实性就会所保证，更重要的是，无论是企业还是个人，都无法对其进行蓄意篡改。

通过上述两种模式就可以知道，区块链技术确实有利于打破“信用数据孤岛”，从而实现各大征信机构之间的数据共享。在这种情况下，如果征信机构想要获得更多数据的话，就必须要尽快引入区块链技术，而这也是征信行业紧跟时代潮流的一种体现。

8.2.2 消除虚假数据，确保数据有效性

通常来讲，少量高度相关的结构化数据的收集使传统征信受到了限制，并导致传统征信过多的看重经济层面而忽略了其他层面。然而用户的信用并不是只由经济这一个因素决定的，在这种情况下，对用户的信用作出准确评估，进行全方位、多维度的数据收集是非常必要的。当然，对于传统征信而言，要想做到这样肯定是很难的。

如今，在人与人以及人与物之间的相互协作和监督下，任何一条信息都有可能被记录在案，其真实性也都可以得到最大限度地保证，这样一来，虚假数据问题就可以得到非常有效的解决。在这种情况下，征信机构就不必担心收集和评估海量数据需要花费巨额成本，因为各方面原因导致的传统征信无法对用户信用进行评估的问题也可以被顺利解决，进而使征信得以深度拓展，并覆盖更多的用户群体。

除此以外，如果让用户成为信用确权基础上的数据聚合点，并将各个企业和公共部门都连接在一起，从而进一步完成数据授权，那么“信用数据孤岛”的问题就可以被有效解决，与此同时，还可以确保重要信息（例如用户隐私、各方源数据等）不被泄露出去。

从某种意义上讲，区块链数据库就是一个优质信息入口，除了可以帮助

征信机构剔除一大批没有任何意义的重复工作，使大数据重构尽快完成以外，还可以最大限度地减少数据清洗成本。而且困扰征信机构已久的数据噪声问题也可以被顺带解决。

由此看来，区块链技术可以帮助征信机构消除冗余数据，并使数据有效性问题得以完美解决。除此之外，区块链技术可以实行点对点交易，那么不必要的中介环节就可以被剔除，整个行业的运行效率也会大幅度提升。

而且只要公众对此产生强大信心的话，那么征信机构的信用成本还会变得更低，因为与中心化维护的方式相比，基于技术及共识的信任要更加牢靠，在成本方面也会更加具有优势。

另外，在区块链技术的助力下，从信用评估到执行合约的整个过程都可以实现自动化运行和管理，这样一来人工、柜台等实体方面的运营成本就可以大幅度减少，而信用业务处理规模也可以大幅提高。不仅如此，因为区块链中包含可信任代码技术，所以信用产品的全过程也可以具备强大的动态编程能力，从而为信用产品创造更加广阔的创新空间。

例如，信链是一家区块链解决方案供应商，致力于帮助传统金融机构实现转型，并对“连接”“信用生产”“共享”等进行重新定义。在数字信用这一大基石上，信链构建起了一个以区块链为中心的价值共享生态，同时还显示出了低成本、高可信度、自组织化的特征。而且在区块链的助力下，信链还对征信行业产生了很多有利影响，主要体现在以下几个方面：

1. 降低了单一节点作恶的可能性。

2. 用户不仅可以分享部分收益，还可以对征信方进行业务授权。

3. 为各节点的公正性提供了有力保障。

4. 以最快的速度完成数据确权，并使帕累托得到最大限度的优化。

可以看到，和传统征信相比，信链的优势要更加明显，如图 8-5 所示。

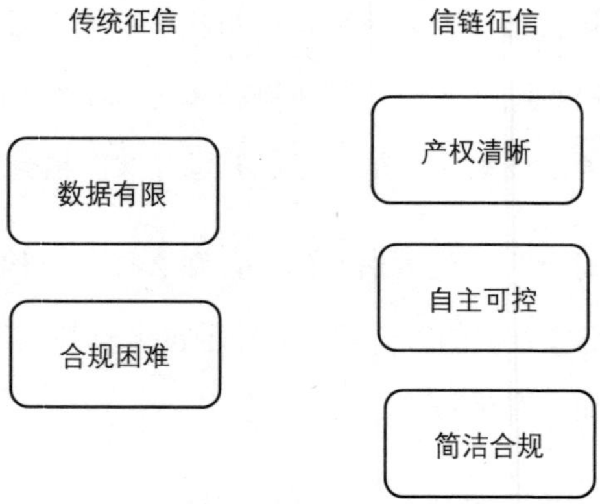

图 8-5　信链的优势

信链是“区块链 + 征信”的一个重要尝试，其所产生的新发展理必定会对整个征信行业产生深刻影响。通过激励机制，信链可以最大限度地调动各方积极性。不仅如此，信链还利用了区块链的某些重要机制（安全高效的记账机制、分布式互助协作机制、开源的民主共识机制等），使其自身形成了一种具有普惠、开放、民主等特征的信用体系。

从目前的情况来看，中国的征信行业正面临着很多发展痛点，在解决这些痛点方面，信链具有天然的优势。与此同时，随着区块链节点的不断增多，信链的征信系统也会越来越完善，进而为中国的征信发展战略做出更大贡献。

实际上，像信链这样的区块链解决方案供应商还有很多，对于那些想要转型的征信机构来说，必须要把握好这一绝佳机会，用最短的时间实现与区块链企业的合作，从而促进自身的长远发展，以及中国征信事业的蒸蒸日上。

第9章

区块链 + 资产托管

资产托管是指具备一定资格的托管人，接收客户委托，安全保管客户资产，行使监督职责，并提供投资管理相关服务。近二十年来，我国资产托管行业快速发展，金融行业的蓬勃发展为资产托管行业提供了市场，各种法律法规的出台为资产托管行业的发展提供制度保障。

巨大的市场需求为资产托管行业的发展提供了机遇，同时也带来了挑战，传统资产托管方式流程烦琐，安全性与时效性有很大的冲突，阻碍了资产托管行业发展的脚步。而区块链技术进入到资产托管中后，有效地解决了传统方式的弊端，推动了资产托管行业的发展。本章就区块链技术进入资产托管中的应用作详细阐述。

9.1 高额资产安全性与时效性冲突

在传统资产托管的流程中，安全性与时效性时常发生冲突，这与传统资产托管中流程烦琐、人工参与度高，承担的风险高等各方面的特点是分不开的，由于以上种种原因，资产托管要保证流程的安全性就必定会影响资产托管的时效，反之亦然。

9.1.1 产权确认程序复杂，所需时间长

只要是买房，就需要办理房产证，无论是买期房、现房还是二手房。在当前的产权保护制度下，办理房产证是确保房屋产权必须办理的手续。很多人买到房子后，不知道怎么办理房产证。下面看看房产证办理流程。

第一步：确保开发商已经办理初始登记。如果开发商不办理初始登记，购房者是无法办理房产证的。通常来说，开发商主管部门办理初始登记需要20到60天。所以，在购房后的两到三个月之后，购房者可以向开发商问问初始登记是否已经办理并在《购房合同》中对其加以约定。房屋初始登记的情况在本地的房地产交易信息网站也可以查到。

第二步：到房屋所在地的房屋土地管理局领取并填写《房屋所有权登记申请表》。填写好《房屋所有权登记申请表》之后，需要拿给开发商由其签字盖章。有的开发商为了方便购房者，手里有现成的盖好章的表格。如果是

这样，购房者只要到开发商处领取《房屋所有权登记申请表》然后填写就行了。办理房产证之前，购房者应当先询问开发商，确定自己办理房产证首先应当去哪个部门，然后直接向该部门咨询。这样可以省去奔波之苦。

第三步：拿到测绘图（表）。测绘图（表）是办理房产证的必备材料，因为登记部门是根据测绘图（表）确定房产证上标注面积的。购房者拿到测绘图（表）的方式有三种，一是携带身份证到开发商处领取，二是到开发商指定的房屋面积计量站领取，三是向登记部门申请对房屋面积进行测绘，拿到测绘图（表）。

第四步：领取相关文件。办理房产证需要携带的申请文件包括购房合同、房屋结算单、大房产证复印件、开发商审核并盖章的《房屋所有权登记申请表》等。

第五步：缴纳产权登记费、公共维修基金、契税等费用。需要注意的是，在缴纳之前必须仔细核对房产证的记载，包括权利人姓名、权属状态、面积、位置等重要信息。

第六步：提交申请材料。申请材料准备齐全后，购房者需要将申请材料上交给管理部门。需要上交的申请材料主要包括开发商审核并盖章的《房屋所有权登记申请表》、购房合同、签订预售合同的买卖双方关于房号、房屋实测面积和房价结算的确认书、测绘表、房屋登记表、分户平面图两份、专项维修资金专用收据、契税完税或减免税凭证、购房者身份证明 (复印件核对原件)、房屋共有的提交共有协议、银行的提前还贷证明。

第七步：在规定时间内领取房产证。在提交房产证办理申请后，管理部门会给购房者一个领取证书的通知书，购房者要将通知书保管好并按通知时间及时领取房产证。

在这里，提醒购房者们，交房后千万不要忘记办理房产证，毕竟房产证是房屋所有权归属的重要证明。

有时候，办理房产证会遇到程序上的麻烦，这是一件真正让人烦心的事情。但是，对于购买二手房的人来说，房产证的真假辨别是一件更为棘手的事情。

一个房子少说几十万，多则几百万，如果遇上持有假房产证的假业主，不仅得不到房子，还赔上了一生积蓄，惹上官司，这是购买二手房的人最担心的事情。

我们讲述的是有关房产的产权认证，延伸到其他产权领域都是一样的，产权确认程序都比较复杂。

9.1.2 人工参与度过高，影响时效性

资产托管是一个复杂严谨的流程，在传统资产托管流程中，为了确保每一步顺利进行，必须经过严格的程序，需要反复确认，人工参与度很高，自然就很难保证资产托管的时效性。

以银行的二手房资金托管为例，二手房资金托管是指在二手房交易中，交易双方委托银行托管交易资金，当交易双方履行交易合同，实现约定条件后，银行按约定在双方授权后，协助双方完成交易资金的交割。若双方不能达成交易，银行将按照约定退回交易资金，如图 9-1 所示。

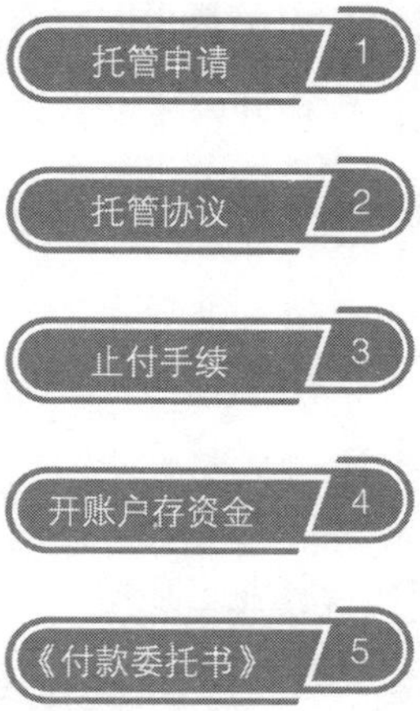

图 9-1　二手房资金托管流程

1. 银行受理房屋交易资金托管申请。交易双方签订《房屋买卖合同》，随后共同向银行提出托管申请。

2. 买卖双方与银行签订托管协议。买卖双方携带买卖合同等材料，与银行签订托管协议，协议一式三份，银行和交易双方各一份。若选择按揭贷款支付，银行还需审核买卖双方的资质，并与买方签署贷款合同。

3. 银行对托管账户办理存款止付手续。

4. 买方到营业部门开立托管账户、存入托管资金。

5. 银行将根据买卖双方签字确认的《付款委托书》，办理资金解冻手续。若房屋交易成功，银行需拨付首付款，并支付尾款给卖方。若交易没有成功，银行将退还托管资金。

在资产托管过程中，银行人工参与的流程是烦琐的，包括办理买卖双方的托管申请、对买卖双方的资质进行审核、与买卖双管签订托管协议、与卖方签订贷款合同、办理存款止付手续、资金解冻及支付等。在整个交易过程中，银行需对交易个环节进行反复确认，人工参与度自然会高。

在资产托管中，程序烦琐、人工参与度高自然会影响资金托管流程的时效性，但若一味强调时效性，过程监管不严，就会导致资金托管的安全性。为了实现资金托管安全性与时效性的和谐统一，对资金托管流程的改进就十分有必要了。

9.1.3 风险问题不容忽视

近年来，我国银行资产托管行业迅猛增长。在金融市场竞争越发激烈的环境下，资产托管不占用资本，且运营过程中资金安全稳定，综合效益显著。

目前资金托管是商业银行在公业务向交易型业务交易中的重要内容，也为其发展指明了方向。但与此同时，资产托管业务的风险也不容忽视，资金托管风险来自各种方面，已成为商业银行防范风险的重要关注对象。

资产托管中的风险，是资产托管过程中，由于制度、人员、系统或外部原因等导致损失的可能性。其中，有三方面的风险需要引起重视，如图 9-2 所示。

图 9-2 资产托管风险

1. 法律风险

法律风险在资金托管风险中尤为突出。托管机构如果没有按照合同履行职责，或是所签订的合同上存在无法履行的职责，就会造成法律风险。

一些信托产品，在托管协议的条款中，包含内容不明确的担保条款，使投资人误认为托管机构对投资的收益和风险承担连带责任。在签订合同时，有些托管机构对合同条款审核不严。例如，存在未明确的托管账号、未确定资产的核算方法或者未列明费用计算方法及收取方式等，都会使托管机构存在违约风险。

2. 操作风险

操作风险是最为直接的风险。操作风险是由内部控制存在缺陷或是操作人员操作失误、违反操作规程引起的，并且在资产托管各环节中都可能存在操作风险。

操作风险是多种多样且难以避免的。例如，操作人员在系统关闭后才处理资金划付指令，就会导致交易无法完成。除人为原因外，若是支付系统故障也会导致业务操作无法正常完成。

3. 声誉风险

声誉风险的威胁也不容忽视。声誉风险是指致使利益相关方对托管机构负面评价的风险。如因托管机构未履行好其职责，导致收益分配出现纠纷，委托人可能会向托管机构提出赔偿要求或对托管机构进行负面评价。虽然在法律上托管机构未必要承担责任，但如果委托人有意制造舆论，就会对托管机构的声誉造成一定的负面影响。

此外，托管业务涉及广大投资人，如果托管机构的合作方，例如委托人、管理人等出现单方违规或风险事件，托管机构也有可能被牵连，承担赔偿责任，不仅损失大量资本，对自身的声誉也构成极大的威胁。

资产托管中的法律风险、操作风险和声誉风险都对资产托管的安全性构成了巨大威胁，托管机构亟须找到一种有效方法来规避这些风险，维护自己的利益。

9.2 资产托管迎来升级

传统资产托管流程中的风险问题，程序烦琐、人工参与度高、各方面风险也对其构成巨大威胁，资产托管技术亟须改革，可通过技术加持对资产托管进行优化和风险防控。

在这方面，区块链技术在资金托管领域的应用就很好地解决了这一问题，区块链技术的透明壳追溯性和智能合约使得资产托管的严密监控成为可能，并且操作过程更加简洁与灵活。本小节就为大家阐述区块链技术在资金托管领域应用的优势。

9.2.1 将托管合同签订转移到线上

前面我们讲到了传统资产托管中存在的缺陷，区块链技术的应用可以很好地解决这些问题。区块链技术在资金托管中的第一个表现就是将托管合同签订转移到线上。在介绍托管合同签订线上化的优势之前，我们先来了解一下其特点，主要表现在以下几个方面：

1. 自动化

线上签订托管合同实现了全流程的自动化。

2. 交易安全真实

交易双方通过设置密钥参与其中，保证了交易的安全性。

3. 信息不可篡改

线上签订托管合同，双方建立了智能合约，合同的内容从开始到结束都是设定好的，保证了合约的顺利进行。

线上签订托管合同的自动化、安全、不可改的特点有效地解决了传统资产托管流程中存在的问题，同时具有以下几个方面的优势。

1. 成本低

线上签订托管合同省去了人工操作，节省了人工成本。

2. 高效率

线上签订合同的自动化使合同签订的过程更加简单便捷，且其分布式记账的特点也提高了审核及确认的时间，有效提高了效率。

3. 有效地防范风险

线上签订合同的分布式记账和信息的不可篡改和可追溯性都使合同的签订公开透明，可以更加容易发现责权模糊的条款，确保不必要的损失。

托管合同签订线上化降低了成本且更加安全高效，是资产托管业务顺利进行的良好开端，为资产托管的成功完成打下了基础。

9.2.2 投资与监督方面的新要求

在线上合约签订以后，在资产托管的过程中，区块链技术的应用也使得资产托管可以更高效的运行。对于委托者来说，资产托管中最重要的是资产的收益性与安全性，这就对资金托管的投资和监督提出了要求，如图 9-3 所示。

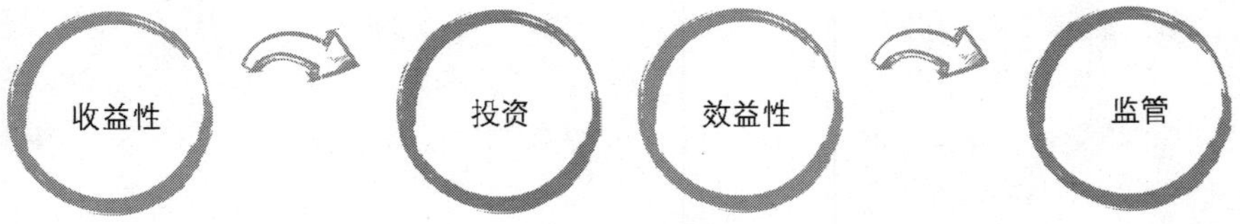

图 9-3 对资产托管的要求

由于这样的需求，使得资产托管中对于投资风险和监管风险的把控成为重中之重，而区块链技术的应用，可以很好地降低两者的风险。

投资风险来源很多，其中主要包括自然方面、社会方面、经济方面和技术方面。区块链技术对于其中的社会风险可以起到有效的防控作用。

社会风险是指由人或团体行为给投资带来的风险，如欺诈、盗窃等。区块链技术具有不可篡改性与可追溯性，这使得资产托管的投资过程信息是公开透明的，不可篡改性降低了被欺诈的风险，而可追溯性使得资产如果出现问题也可以找到问题的源头。

而区块链技术对于资产托管过程的监管也是十分可靠的，其优势主要表现为三方面。首先，依托区块链技术进行升级的资产托管监管实现了全流程监控，扫清了之前可能存在的监控盲区。其次，升级后的监管实现了数字化，减少了人工环节，规避了操作风险。最后，升级后的监管系统可以对资产托管过程进行全程记录，即使产生了问题也可以及时找到源头，解决问题更加快速。

区块链技术的使用可以使资产托管的投资过程和监督流程都更为透明和顺利，那么区块链技术是如何做到让两者顺利进行？原因就在于区块链技术的核心之一——智能合约的使用。在智能合约里，投资和监管指标都是提前合理设置好的指标，哪个环节应该做什么，什么条件会触发什么结果都是提前设定好的，智能合约依照投资监督指标运行，方便快捷全面高效。

9.2.3 区块链资产托管系统落到实处

近年来，区块链越来越热门，国内的银行也加快了区块链应用的落地。邮储银行（邮政储蓄银行）曾经推出了业内首个区块链资产托管系统，同时通过与 IBM 的合作，采用超级账本架构将区块链技术应用到实际业务中。

把区块链技术应用到资产托管系统中，能够最大限度地解决在资产管理中的各种问题，并且降低了管理成本，保证了资金的安全性，也赢得了客户的信任，区块链技术对于资产管理具有非常重要的意义。

区块链具有的优点决定了区块链技术是非常适用于记账业务中的。例如，区块链的信息不可篡改、隐私安全性高的优点就可以从根本上改善金融行业的管理方式，区块链技术也对金融行业产生了非常重要的影响，因此，现在的金融行业也非常关注区块链技术，如汇丰、花期等金融机构就已经加入区块链联盟，深入研究区块链技术。

该区块链资产托管系统也是把区块链技术运用到银行核心业务的首次实践。在传统的资产托管管理中，资金托管业务是需要经过很多机构和部门，参与的金融机构众多，但是缺少可以多个机构共同介入的信息系统。在一个托管业务中，经常会涉及业务托管人、管理人、投资顾问、托管人等多个参与方，需要多方达成共识之后，才能签订托管合约。

在区块链的资产托管系统中，银行可以把智能合约运用到投资方向的合规界面上，并随时提示资产的风险度，这样就可以帮助业务人员及时做到对资产的监管。区块链资产托管系统把投资方向分为三类：白名单（符合监管要求）、灰名单（需要多方确认）、黑名单（不符合监管要求）。

区块链资产托管系统实现了信息资源的多方共享，节省了业务管理的时间，大大提高了银行的工作效率。

9.2.4 优化数据存储和更新结构

在资产托管的过程中，会产生大量的数据，随之而来的，就是要对其进行数据分析，在进行数据分析时，数据存储和更新结构对其影响重大。

数据分析包括两方面的内容，一方面是对历史数据的分析，另一方面是对新产生数据的实时分析。这两方面的数据分析体现者不同的作用。

对历史数据的分析，是希望从以往的数据中挖掘出经验和教训，或通过数据的变化分析事物发展的走向，作出更精准或有前瞻性的决策。而对实时数据的分析，是为了在发现问题时可以及时解决问题。

例如，车辆行驶，如果知道车的牌照号，当公安部门需要抓捕正在高速公路肇事逃逸，或者抓捕疑犯时，类似高速公路监控系统的软件如果具有实时分析视频抓取的帧图，并与数据库做比对，就能非常及时地给出反馈。

在以上的案例中就体现出了数据存储及更新结构化和自动化的优势，在资产托管领域也是一样的。区块链技术可以实现资金托管中数据存储及更新的结构化和自动化。

在实现数据存储及更新结构化和自动化之前，首先要确保数据是在线的，而区块链技术的分布式账本就很好实现了数据的在线化，同时也实现了对估值数据和凭证数据的存储，实现了其结构化。而区块链技术中的智能合约可以依据代码指令对资产托管中的数据进行历史和实时分析。由于智能合约的机械性，也实现了估值数据和凭证数据的自动化。

在运用区块链技术中，智能合约可以按照事先设定好的代码对资产托管的各种历史数据进分析，从中得出资产的估值数据，也可以对实时产生的数据与分布式账本中的存储数据做出对比，由此产生对当前数据的应对措施，可以及时对数据流程中的问题提出策略。

第10章

区块链+反洗钱、反欺诈

如今，数字技术与金融行业的融合越来越密切，催生数字金融新形态。与此同时，金融洗钱和欺诈风险不断增加，反欺诈形势不容乐观。由于金融行业的欺诈行为的专业化、产业化、隐蔽性、跨区域等特征，对传统的反欺诈手段形成极大的压力。

传统反欺诈手段方式单一、效率不高、范围也很狭窄，很难应对新型的欺诈手段。在这种形势下，应用区块链技术提升反欺诈的效率就十分有必要了。

10.1 货币发展趋势

对于现在的我们来说，手机支付已经成为习以为常的事情，在手机支付过程中，人们使用的货币形式是电子货币。此时的我们是否了解货币的发展趋势？

货币的变化演进是一条漫长的发展史，它在不同的时代演变出不同的形态，从贝壳到金属货币，再到纸币，最终形成数字货币。纵观人类的整个货币发展史，我们不难发展，现在的我们已经迎来了货币更为方便快捷的新形态——数字货币。

10.1.1 有趣的货币进化史

自人类诞生以后，就出现了价值交换，货币的进化便是以价值交换为依托的。人类历史发生翻天覆地的变化，除了科技的巨大驱动以外，货币的发展也起了至关重要的作用。下面，我们一起看看有趣的货币进化史。

在原始社会，人们与动物斗智斗勇的时代，出现了最原始的价值交换方式——物物交换。在这种交易方式中出现了一系列令人头疼的问题，比如一个人试图用自己饲养的一只母鸡换另一个人饲养的一头牛。

于是，人们厌倦了烦琐且费力的物物交换，产生了作为交易媒介的实物货币。实物货币诞生的时间是原始社会末期。一般来说，游牧民族以牲畜、兽皮类来实现货币职能，而农业民族以五谷、布帛、农具、陶器、海贝、珠玉等充当最早的实物货币。据考古发掘，新石器晚期遗址陕西西安半坡出土大量陶罐作为殉葬物；大汶口文化遗址殉葬大量猪头和下颚骨。这些殉葬物表明在原始社会后期猪和陶器曾起过货币的职能。

然而，以上所说的充当货币的各种实物流通范围较小，而流通最为广泛的古代实物货币是贝壳。因为牛、羊、猪等牲畜充当实物货币不能分割，而五谷的保质期较短，而珠玉又比较稀少，刀铲等农具较为笨重，因此最后的实物货币集中为贝壳。漂亮的贝壳可以用作颈饰，体积小，便于携带与计数，而且还非常坚固耐用，因此在长期商品价值交换中被选为主要货币。

在考古发掘中，夏商遗址出土过大量天然贝壳，贝壳作为实物货币一直沿用到春秋时期。因此在中国汉字中，很多与价值、财富有关的字都与“贝”字有关，比如资、贵、贫、贪、财、购等。

春秋战国时期，随着商品经济发展，贝壳的有限数量已经不能满足人们在日常商品价值交换中的使用，于是出现了金属称量货币。而金属称量货币在流通中需要分割和鉴定成色，使用起来非常不方便，于是被金属铸币所取代。

政治的统一是以经济统一为基础的，于是秦统一六国后，秦始皇顺应历史发展趋势，在统一文字、度量衡的同时，也统一了货币。秦始皇规定以“黄金”为上币，以镒（相当于 20 两）为单位，以圆形方孔铜钱为下币，以半两为单位。钱文“半两”的实重为半两，这种圆形方孔的铜钱从此成为中国货币的主要形式，一直沿用两千多年。

铜钱为什么采用圆形方孔的形制呢？主要原因是环形便于携带，方孔可以利用绳索将铜钱穿成串不易旋转，还可以防止磨损。还有一些人认为这种形制的铜钱表达了古人天圆地方的宇宙观。秦朝的圆形方孔铜钱是世界上最早由政府法定的货币。

然而问题又来了，金属货币动辄好几十斤重，搬运起来耗费时间和精力，于是纸币出现了。在货币史上，纸币的出现是一个重要转折点，也是人类历史上的一大进步。纸币出现在北宋具有必然性，因为它是社会政治经济发展的必然产物。

宋代的商品经济发展迅速，所以商品的价值交换更加频繁。频繁的商品交易活动就需要用到更多的货币，而当时铜钱短缺，已经远远不能满足流通中的使用量。当时的四川地区通行铁钱，铁钱量重值低，使用起来非常不方便。当时的一个铜钱相当于十个铁钱，一千个铁钱的重量为大钱25斤，小钱13斤。当时的人如果想要买一匹布，大概需要铁钱两万，重量为500斤，需要用车拉着去。

成都是宋代的经济重地，但是蜀汉通往外界的道路异常崎岖难行，李白还说过："蜀道难，难于上青天。"因此客观上需要轻便的货币，这就是纸币最早出现在四川的主要原因。另一方面，尽管北宋是一个高度集权的封建专制国家，但是没有统一的全国货币，而是由几个货币区各自为政，互不通用。

当时，4路专用铁钱（宋代的行政单位），13路专用铜钱，陕西、山西则是铜钱铁钱兼用。而各个货币区都严禁货币外流，纸币的出现正好可以防止铜铁钱外流。此外，宋朝政府与西夏、辽、金的关系紧张，经常被三个国家攻打，然后需要用到大量的军费和赔款开支，这也要求宋朝政府发行纸币来弥补财政赤字。种种原因促成了纸币的产生，被称作"交子"。一般来说，人们通过钱庄兑换交子。

1688 年，英国发生光荣革命，从此进入君主立宪制。到 1717 年，英国政府建立了事实上的标准化金本位英镑，货币的标准化影响了全球各个国家，也是人类货币史上的重大进步，直接促进了工业革命的发展，使英国成为当时的世界霸主，人称“日不落帝国”。

2008 年，全球经济危机爆发，日本聪在网上发表《比特币：P2P 电子货币系统》论文，描述了比特币的模式，并搭建起完比特币体系。之后陆续出现的莱特币、约克币等数字货币的相继出现标志着人类历史进入数字货币时代。

数字货币是货币进化史的一部分，是数字科技革命的结晶，其诞生具有必然性。回顾货币史，任何一种形式的货币从诞生到发展成熟，都会经历质疑乃至排斥。与传统货币一样，数字货币在发展过程中也在被不断完善，以更适应社会生产力并为人类服务。当下，以网络为基础的数字货币受制于信用约束，并且只能在有限范围应用。随着数字货币的不断创新以及人们接受程度的提高，数字货币正在突破地域、民族、文化、信用等约束，在国际范围内推广使用。

毫无疑问，以比特币为首的数字货币代表了货币未来的发展方向。数字货币也将会有更完美的针对主权货币的解决方案，而区块链将在这一过程中发挥重要作用。

10.1.2 顺应经济全球化趋势

在人类几千年的发展历史中，人们使用过很多东西充当货币，包括贝壳、金、银、铜、铁等。如今，人们使用纸币作为货币，人们更多的称之为“金钱”。金钱方便了人类的生活，同时也把人类带入歧途。很多人对金钱的盲目追求到达了疯狂与贪婪的地步，社会以资本为主体，价值以金钱为衡量标准，情感以金钱为基础……当人类生存的意义被金钱所主导，货币就已经失去了它原有的意义，就像一把无形的枷锁将人类圈禁在一个金钱的牢笼里。

极度的贪婪最终会导致社会经济的全面萎缩与瘫痪。比如，金融危机就是人类走向金钱歧途的一个小小的初期表现。

我们设想一个世界：不能买卖也无法遗传的虚拟货币主导未来社会。每一个人出生的时候都有相同的虚拟货币，每天正常的学习、工作都能得到相同的虚拟货币，虚拟货币的获得取决于对社会的贡献。当然，虚拟货币可以用来购买自己所需的任何物品。领导以虚拟货币值的高低来决定，死后虚拟货币值随身份证一起消失……

虚拟货币代替金钱之后的世界，人类生活的方向和价值观都将发生巨大变化，抢劫、赌博、欺骗等都不复存在，杀人、放火以及各种现代社会中的矛盾等将变得毫无意义。在这一崭新世界中，人类的平等、公平会得到最好的体现。假如，人类在未来世界依然不能走出金钱打造的牢笼，不能走向一条人类生存的正轨，人类最终将自我毁灭。

货币是商品生产和交换的产物，其形态随商品贸易发展而变化。在从具体到抽象、从实体到观念形态的演变过程中，货币都在试图将一种价值符号寄身于纸币、信用卡、电子终端设备中，不断向着社会化、虚拟化的方向发展。

自 20 世纪以来，互联网技术、电子科学的飞速发展推动了第三次科技革命。经济主体开始寻求更具有快捷性的交易媒介，于是新型的电子货币产生了。网络技术的发展使世界进入网络商务时代，虚拟网络经济产业的繁荣催生了虚拟货币。由于虚拟货币满足了经济主体对交易媒介低成本、低风险、虚拟性、快捷性等需求，开始广泛流行开来。

虚拟货币诞生于互联网，并在网络社会中充当一般等价物的部分功能。虚拟货币与生俱来的无国界性使其在全球范围内比传统货币更具流动性。虚拟货币代表了未来货币存在形式的发展方向。

凭借着众多优势，虚拟货币逐渐受到各国人们的欢迎也就可以理解了。目前全世界发行有上百种虚拟货币，不仅能用于真实的商品消费和服务交易，还能投资增值获利。我们总结了虚拟货币产业的三个发展阶段，如图 10-1 所示。

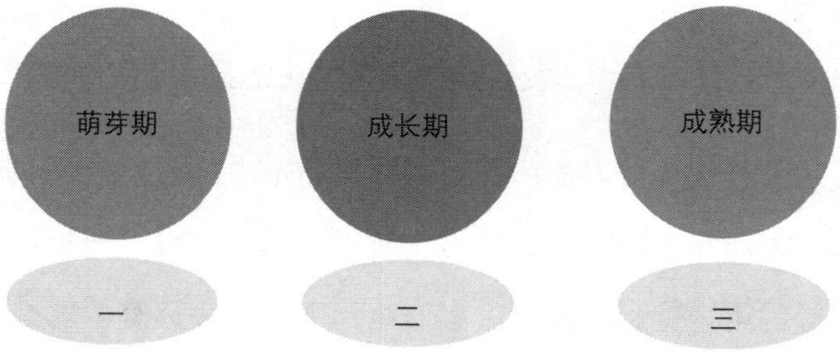

图 10-1　虚拟货币产业的三个发展阶段

第一个发展阶段是萌芽期，我们定义为 2009 年到 2013 年。第一个五年的萌芽主要解决了虚拟货币生产相关的问题，典型代表就是区块链比特币挖矿产业的繁荣。

第二个发展阶段是成长期，我们定义为 2014 年到 2018 年这五年。这一时期的标志性事件就是交易所的诞生。交易所完成了虚拟货币和法币的自由兑换，虚拟货币应用将从这个阶段开始爆炸式生长。

第三个发展阶段是成熟期。虚拟货币支付技术成熟之后，世界会变成什么样子，大家可以想象以下。当然，虚拟货币未来的路应该还要很长。

10.1.3 经济交易透明度增加

向所有的参与者公开数据，让他们共享一个账簿，并通过去中心化的管理达到人人平等，这些区块链的创意是前所未有的，并且让它在国际社会中大放异彩。从英国首席科学顾问 Mark Walport（马克·沃尔波特）先生到国际货币基金组织主席 Lagarde（拉加尔德）女士，再到美联储主席 Janet Yellen（珍妮·耶伦），这个世界上的最高金融权威都为之癫狂。就连华尔街传奇人物摩根大通 CEO Jamie Dimon（杰米·戴蒙）这样曾经唱衰区块链技术的人，也开始重新思考、发表声明说，区块链技术教会了他很多新东西。

你可以将一个区块链看成一个绝对公正的账本，其数据对所有的人公开，所有的参与者都能在互联网上共享这些数据。如果没有进一步思考，我们几乎以为区块链的用途就止于此了。但归结起来，区块链有两大独特优势：抗腐败和冗余可靠。

区块链优缺点的发挥取决于人们的部署，比如说部署的节点多，抗腐败以及冗余可靠的优势就更明显。而与私有链相比，公有链能更好地发挥这种优势。

比特币、以太坊超级账簿以及大部分的竞争币系统都是公有链的例子，如图 10-2 所示。它们都对所有人公开，人人都能通过一台联网计算机可以进入。

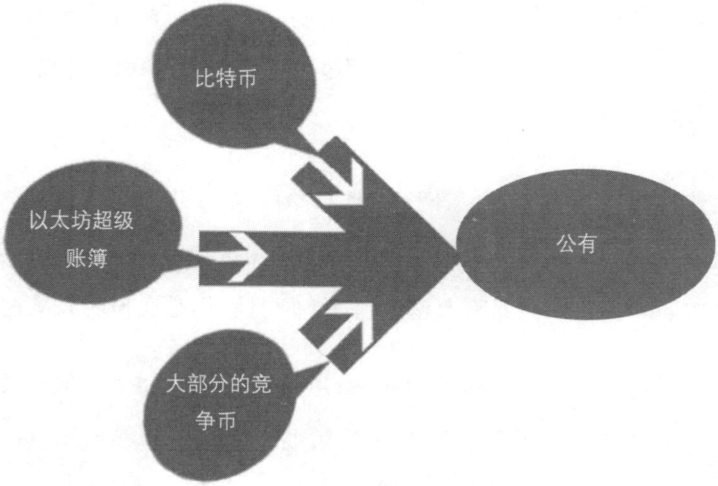

图 10-2　公有链的例子

以比特币为例，所有的参与者 ID 都是匿名的，但是上面的数据都默认对所有人公开。这种开放性带来了巨大的优势，比如抵抗专制制度资本管控以及抵抗攻击的能力。比特币在保证对所有人公开的同时还具有安全的特征。你甚至无法想象，你能够获知每一个参与者的账户余额以及交易记录。

直到现在，人们依然惊奇于比特币保障安全的方法是如此的新颖，而且在它存在的 7 年历史中，竟然从来没有人切实可行地打破过这种安全。与之相对的私链，用最传统的方法保护用户权利和安全，这种模式的雏形开始于世界第一把锁的发明。一把锁只有几把钥匙，这会让人们觉得安心。如果你希望更少的人知道你的数据库，这种模式更安全些。但是纵观历史，有数不尽的例子证明这种模式失败的可能性很大，钥匙可以被设计得很聪明，然而总有更聪明的黑客可以破解。

如果你在你的区块链上转移一大笔资金，那么一场黑客竞赛也就开始了，胜利者将会以很小的成本获得你的这笔资金。公有链所遭遇的考验更多，尤其是比特币区块链。目前，只有比特币区块链在经过众多考验之后依然保证安全。显而易见的是，黑客对于比特币网络中每天潜在交割的 67 亿美元的价值毫无下手的机会。

美国商品期货委员会（CFTC）比特币顾问 Paul Chou（保罗・周）在接受纽约商业周刊的采访时说："很多提案使用区块链，但没有比特币的区块链是在走邪路。它们在邪路上越走越远，而且它们是在摸着石头过河。"

Paul Chou（保罗・周）是 LedgerX 创业公司的 CEO。他想要建立一个"第一家获美国联邦监管许可的比特币期货交易所和票据结算所，为机构市场提供抵押清算、实物交割比特币期权等服务"。除了在纽约市中心为 CFTC 提供咨询的时间以外，他都在为这个目标努力着。

与保罗・周一样对比特币长期看好的人都有一种观念，即"比特币的大一统主义"。比特币的早期用户中以及被比特币经济远景所吸引的人群都存在这种观念。"比特币的大一统主义"是由以太坊超级账簿的创始人 Vitalik Buterin 提出的，他的意思是安全的比特币区块链将会打败其他区块链，最终占据支配地位。

经济学以及计算机科学中"网络效应"的概念也是这个道理，指一个网络或协议的先行者弱势具有强大的力量而且从来没有失败过，那么它将会排挤其他所有竞争者。比特币的大一统理念应用于比特币是否成立还有待验证，但有一件事情是清楚的，那就是私有连提供不了公有链的独特优势。

例如，公有链是一个透明引擎。Vitalik Buterin（维塔利克・布特林）曾发表了一篇博文《私有链和公有链》，他指出："公有链从应用的开发者保护应用的用户，有些事情即使应用的开发者也没有权威去实施。"有一个典型案例就是，社交软件以及其他会员制网站一旦改变规则就会流失一部分用户。而 facebook 之所以能够保证每次规则的改变只影响了很小一部分的用户，是因为每次做改变的时候都会提前通知用户。

Vitalik Buterin 同样提到，不同组织使用同一种区块链还会提高这种区块链的普及度，加大这种“网络效应”。Vitalik Buterin 说：“如果我们把域名解析系统集成在区块链，同时把一种货币集成于这个区块链中，那么我们可以通过智能合约把操作费用降低到接近于零。”

《精通比特币》的作者安德烈亚斯·安东诺普洛斯（Andreas Antonopoulos）给出了一个通俗的解释，他用私链和公司内部网做对比，这个视频的名称叫作“泡沫男孩和家鼠”（家鼠代表比特币）。安德烈亚斯·安东诺普洛斯强烈赞同保罗·周的观点，认为比特币区块链就是最适合不同实体间转移价值的公有链。

安德烈亚斯·安东诺普洛斯说：“事实上现在的商业已经在用私链，但它有和公司内部网同样的限制，包括一些安全问题。私链的这个问题表现在，它创造了一个恶意软件占优势的环境，所以安全就成了固有问题，它有时会完全接管你的网络。”

10.2 区块链助力货币流向监督

区块链技术一直保持火热发展的态势，各行各业都相继引入该技术。区块链技术除了能有力地推动经济的发展之外，还能有效地保障国民的财产安全。

区块链技术的公开透明性与记录的不可篡改等特性可以有效地提高对货币流向的监督管理，如若出现问题，也可追根溯源，找出问题所在。那么区块链技术是怎样助力货币流向监督的？下面就进行详细讲解。

10.2.1 保护客户信息，避免欺诈现象

在人们办理金融业务时，为确保安全性，每个人都需要经过重重审核，这时就会不可避免地产生重复性的交易数据，而人们每一次提供自己的个人及交易信息，每一次被审核，都会有信息泄露而被欺诈的风险。

在传统交易模式中，银行之间数据信息都比较封闭，导致在审核客户方面重复性强。当与新的客户建立关系时，金融机构都会对客户进行彻底的客户尽职调查。即使特定机构性账户要求进行人工核验，这种工作通常也都是重复劳动，而这种工作十分常见。例如，银行都需要独立审核已经被其他银行审核过的账户，在这种过程中，就极易导致信息泄露而增加被诈骗的风险。

在应用了区块链技术以后，加强了对隐私的保护力度，同时分布式记账的方式也使得客户的信息实现了共享，减少了客户审核方面的重复劳动。原则上和客户有长期合作关系的金融机构可以使该客户“证书化”，通过一个区块链技术提供的安全许可制流程，向其他机构提供客户的有关支持证据。这可以一定程度上减少人工审核步骤的数量，可以有效地保护客户的信息。

应用区块链技术保护客户信息，减少欺诈的风险，是十分有效的。但在区块链技术的使用中，需要注意以下两点：

1. 区块链技术与大数据等技术相结合

由于区块链技术还处于发展初期，在使用过程中可能会存在一些漏洞，因此结合大数据等其他技术的使用可以达到更好的效果。

2. 金融机构之间加强联系

在区块链技术的使用中，各金融机构之间要加强彼此之间的联系与合作，

只有这样，才会更有效地实现数据信息的安全共享。

在金融机构加强联系和使用其他技术合作的情况下，可以更有效地发挥区块链技术的功效。

10.2.2　简化账户细节安全汇编

在传统的金融机构对于资金流向的监控中，由于缺乏账户汇编，使得交易监控中出现大量误报。尽管银行利用交易监控软件来审查可疑行为，但事实上 2% 到 5% 的交易都需要进行人工复查以判定是否涉嫌洗钱。这种情况下，误报率接近 99.9%.

在绝大多数情况下，这都不是监控软件的问题，而是因为交易数据质量极低。例如，缺少收寄款人身份细节等。即使是正常的转账信息从语法上是误报或信息不完整，就算不涉嫌洗钱，监控系统也会发出警报。

而区块链技术进入监控系统中之后，由于每位客户、每一笔交易都有清晰的记录，也很容易完成账户细节安全汇编。账户细节安全汇编可以使交易监控透明度更高，同时提高了效率。对涉及交易的账户信息完整度相关的规则进行汇编，区块链可以提高交易透明度，减少误报率。并且，在对账交易和潜在洗钱活动方面，可以对其进行全方位的调查与监管。

区块链技术记录当前及过去交易的分布式账本可以简化记录和审计流程。金融机构可以代表客户，使用区块链系统来存储所有交易记录。由于所有客户的交易都能自动追溯，为银行提供了按照反洗钱要求需找出的证据，使实现与监管要求合规。

区块链对线上交易进行时和进行后都可以进行监管，也可使交易前的身份验证更加真实有效。由于区块链是不可改并且可追溯的电子记录，确保交易记录包含以往的交易信息，金融机构可以借此对交易行为进行追溯，从而使犯罪行为原形毕露。

10.2.3 保护隐私及在线支付安全

如今是信息化社会，每个用户的隐私数据存在于各地的服务器中，这些隐私数据被社交平台、电商平台和各种中介机构所拥有，有些平台和机构未经用户授权而利用这些数据获利，更甚者还会通过各种形式对用户进行骚扰。例如，用户在平台注册时，手机号码被泄露而接到骚扰电话和短信等。

以上说的是个人数据隐私，除此之外还有其他的隐私，例如匿名支付只是对支付数据的保护，而支付活动只是商业活动其中一个环节，对于很多商品来说，即使匿名支付，交易信息还是可能会通过与支付相关的其他环节泄露出去。例如在商场购买商品，即使支付匿名，商品的交接也需本人操作。再例如用户在电商平台购物，即便是支付匿名，但商品的配送环节也需要用户填写地址和电话。所以，一般的商业活动，仅在支付方面匿名是无法保护用户隐私的。

随着金融行业的发展和各国对金融服务的要求，对用户隐私保护和在线支付安全有了更高的要求。而区域链技术应用到支付中后，由于其去中心的特征，在隐私保护方面具有许多优势。

区块链技术的应用可以实现匿名交易。区块链的交易是把区块链地址作为输入或输出地址，而区块链地址是由用户自主创建的，与第三方无关，区块链地址与用户个人信息没有关联。而区块链地址是利用非对称加密算法产生的，地址出现重复的概率极低。这使得用户可以在交易中生成不同的区块链地址，进一步加强了交易的匿名性。

在在线支付过程中，依据区块链技术的特点，其对用户的隐私保护主要体现在以下几个方面：

1．网络层的隐私保护。网络层指的是包含节点设置及通信、数据传输机制等底层通信的整个过程。

2．交易层的隐私保护。交易层指的是区块链中数据的产生、验证、存储和使用的过程。

3．应用层的隐私保护。应用层指的是区块链技术被外部使用的过程。

由于区块链技术的层层把关，使得用户在线上交易的过程中，隐私数据得到了很好的保护，使得交易信息更加安全。我们有理由相信，随着区块链技术在线上支付方面应用范围的扩大，线上交易信息泄露的情况必将得到改善。

10.2.4 减少洗钱、逃漏税等违法犯罪行为

减少洗钱、逃漏税等违法犯罪行为与区块链的本质特征密切相关，尤其是不可篡改性和可追溯性。

首先以票据业务为例，票据业务虽创造了大量的流动性，但也使得相关的票据市场产生了大量的违规操作。这些违规操作也许还不算完全的犯罪行为，但其造成的负面影响也是巨大的。由于票据业务的人为介入因素比较多，这便给了违规操作可乘之机，大量的客户欺诈行为层出不穷。

目前我国国内的票据业务有一半以上仍旧为纸质性的交易，在操作上需要人工进行处理。大量的人工处理占比容易导致监管漏洞，有些人会以此进行违规操作，令客户与票据业务本身都遭受巨大的风险伤害。与票据业务一样，供应链金融也同样依傍于高程度的人工操作，供应链金融业务的处理需要大量的人为审阅与验证，这种方式既浪费时间和人力，又增加了业务处理

失误的风险。

传统的纸质票据业务和供应链金融业务在交易中都需要一个第三方来保障其有价凭证传递的安全性。在纸质的票据中，票据的真实性是交易双方建立信任感的基础，即便是电子票据交易，也需要由央行的ECDS系统进行信息的交互认证。

但是在引入了区块链技术之后，票据业务便不需要固定的实物票据，也不需要央行ECDS系统的信息交互认证，可以直接实现点对点的有价凭证传递。存在于票据业务和供应链金融业务中的第三方中介机构被舍去，即“去中介化”。同时两种业务中的违规操作也可以被有效地遏制，有助于减少因人为操作不当出现的失误。

除此以外，由于区块链中的各个区块都是依照时间顺序有序地被创建起来的，因此供应链金融业务的人工处理成本可以得到降低，其交易的透明度和安全性也能得到显著的提高。

另外，如果在区块链中引入智能合约等技术，那么那些衍生出来的商品交易便能实现更具标准化和自动化的清算。而进行违规操作的可能性也会因为智能合约的自动化检查被降到最低。

在麦肯锡的测算中，供应链金融业务中的区块链应用可以有效地为一些银行和企业减少运营成本。例如，银行能在一年内减少大概135亿美元至150亿美元的运营成本，而其风险成本则能减少11亿美元至16亿美元；而企业则能在一年内减少大概16亿美元至21亿美元的运营成本。将区块链技术和供应链金融业务相结合，比如Wave：Wave和巴克莱银行进行合作，试图以区块链开发供应链金融业务和贸易之间的应用联系。

除票据业务和供应链金融业务以外，在证券发行和交易上，区块链技术的引入有助于实现资产的实时转移，同时还能加快交易的清算速度。传统方式的证券发行和交易过程需要一个繁杂的手续流程，其繁杂性也就导致了其发行和交易的效率不高的问题。我们首先看一下一般的公司证券发行的繁杂性。

一般的公司证券发行需要先找到一家券商，这相当于找一个中介机构。在公司和这一中介机构完成委托募集等一系列繁杂的手续流程之后，公司才能最终去寻找投资者。例如在美国，公司的证券在上市以后的交易效率比上市之前还要低，这是因为证券的交易日与交割日之间具有 3 天时间的间隔，这无疑就降低了公司证券交易的效率。

但是，在区块链技术的帮助下，金融交易的效率就得到了提升，原本依傍于中介的证券交易变成了一种具有分散性质的平面网络交易形式。交易的参与者可以共享交易的数据信息，这使得交易的流程具有高度的公信力。

总而言之，区块链带来的新的交易形式有以下几点优势，如表 10-1 所示。

表 10-1　区块链所带来的新的交易形式的几点优势

1．令证券交易的成本大幅度降低。区块链应用下的证券交易流程会比传统模式下的证券交易更具有简洁性，有助于提升市场的运转效率。
2．有助于提高商业交易活动的决策效率。在区块链的应用下，交易者的交易行为和交易信息都可被准确地记录在案，这便有助于让证券的发行者对公司的股权结构有一个更为明晰的了解，从而提高商业交易活动的决策效率。
3．提高了交易的可控性。在区块链技术的应用下，证券交易日和交割日的时间缩短至为 10 分钟。简言之，只需 10 分钟，便可完成证券交易行为，这既减少了交易中存在的风险，又提高了交易的可控性。
4．降低了暗箱操作的可能性。在区块链技术的应用下，交易各方的数据信息都公开共享且不可篡改，因此有助于降低暗箱操作的可能性。

第三点优势便是与本节紧密联系的金融犯罪问题。若以上所举的违规操作还不能被列为完全的犯罪行为的话，那么以下所要谈及的洗钱和逃税、漏税问题便必定是违法犯罪行为了。在客户征信和反欺诈上应用区块链技术，

可以在一定程度上防止诸如洗钱和逃税、漏税等金融犯罪行为。

在过去的几年时间里，世界各国的商业银行不断在客户征信方面投入人力和资金，以满足越来越严格的征信监管法规的要求。世界范围内的银行为了满足监管法规的要求投入了大量的资源，新增资源投入无疑给银行带来了极高的资源成本压力。

如今区块链技术的出现可以较容易地改变现有的征信体系。因为区块链可以永久性地存储客户的交易行为和交易信息，当银行进行 KYC（了解您的客户）这一身份验证时，那些信用记录不良的客户信息便会被永久地记录在区块链中。

对于银行而言，区块链技术的引入能够使客户的交易信息得到实时的更新，还能帮助银行节省大量用于 KYC 验证的工作时间。区块链可以让客户的交易信息形成一种关联共享，而且不会违反征信监管的法规要求。

同时，区块链技术还可以提升银行识别与检测异常交易现象的能力。银行识别能力的提升有助于打击那些利用比特币等数字货币进行洗钱和欺诈的犯罪行为。Chainalysis 是一家为打击利用数字货币进行洗钱等金融犯罪行为而建立的公司，它曾为银行提供了应用区块链技术的反欺诈监测系统。根据区块链的分布式账本特征，反欺诈监测系统针对该分布式账本进行监测，从而帮助银行及时发现并有效打击那些逃税、漏税和洗钱等违法犯罪的行为。

不仅仅是 Chainalysis 公司，德勤公司也同样在“了解您的客户”和“反洗钱”这两个方面应用区块链技术来面对金融行业当前的合规模式，即以区块链信息关联共享的特质免去那些具有重复性的工作内容，从而节省大量的合规成本。与此同时，和 Chainalysis 公司反洗钱的目的相同，区块链的引入帮助德勤公司提升了识别金融交易风险的能力。

第 11 章

区块链 + 保险

随着区块链技术在金融领域的应用发展，区块链技术在保险行业的应用也成为必然。区块链技术进入保险行业后，有效地保证了信息的安全，加速了保险合同的履行进程，区块链技术在保险行业的应用表现出了优势作用和巨大的发展前景。

虽然区块链技术已经进入到保险行业中并加以运用，但是还没有被大范围的普及。目前，区块链技术正在不断被完善，保险行业也积极与监管机构、专家学者探讨，力求找到保险行业与区块链技术结合的最佳契合点，并推进区块链技术在保险行业的普及。

11.1　保险业机遇与挑战

如今，我国经济快速发展，人民生活水平日益提高，对保险的需求也越来越大，这无疑为保险行业的发展带来了机遇。

但是随着机遇而来的，保险行业的缺陷也逐渐显现，保险的信息安全、内容失误引发的诚信问题、履行合约的效率慢等问题，都使保险行业的发展面临着极大的挑战。下面就讲述保险行业面临的挑战。

11.1.1　信息安全使保险业声誉受损

作为一个比较具有代表性的支柱行业，保险业掌握着大量的投保方信息，因此非常容易成为黑客攻击的目标，从而导致信息丢失现象的出现。在这种情况下，保险业必须要保护好自身的信息安全。

但是，因为信息安全在我国还处于萌芽阶段，所以保险公司在为投保方选择安全操作方案的时候，很难确定什么样的方案才可以真正发挥作用。而且，当信息真的丢失以后，损失程度评估、赔偿情况认定等问题也不容易解决。况且保险业面临的安全挑战并不只包括信息安全，还包括云计算安全、数据安全、管理安全等。

实际上，每一位保险从业者都非常重视信息安全问题，希望可以保证投保方信息不被丢失。另外，作为国民经济的重要推动者，保险业又与人们的工作、生活、健康息息相关。因此，为保险业构建起一个完善的信息安全新体系，解除保险从业者的烦恼便成为一件非常重要的事情。当然，这件事情不仅需要国家、社会、保险公司共同完成，还需要区块链等技术的助力。

从国家层面来看，中国保监会发布《保险公司信息系统安全管理指引（试行）》，为信息安全提供了政策上的保证；从社会层面来看，投保方越来越重视自身信息的安全问题，不断激励保险公司提出新措施；从保险公司层面来看，积极贯彻和落实信息安全规范、指引、通知，不断，加强信息系统的内部管理与控制，加快建立安全风险管理机制。从技术层面来看，先进技术可以有效避免黑客攻击保险公司的信息系统，大幅度提升了投保方信息的安全性。

不可否认，任何一个行业都或多或少的存在信息安全问题，这也是大多数公司尽力保护重要信息不被丢失的主要原因。基于此，解决信息安全问题已经成为确保公司利益不受侵犯的有效途径。

对保险业来说，信息是一个不可替代的核心，保护信息不被丢失就像确保房梁不会损坏一样，都是急切且必需的。因为，只有房梁不会损坏，屋子才不会倒塌，相应的，只有信息不被丢失，保险公司才可以受到投保方的信任，获得长远发展。

总而言之，在保险业信息丢失已经成为一个不得不应对的挑战，信息安全更是成为一个必须要解决的问题。当然，从现阶段来看，无论是国家，还是社会，抑或是保险公司都在为之而努力。当然，更重要的是区块链等前沿技术也在发挥着强大的作用。具体表现在以下两个方面。

1. 保证信息的可得性

为了对保险进行更加细致的观察，保险公司往往需要有一个非常强大的信息安全保护部门，同时也要有足够的投保方信息。有了区块链以后，投保方信息就变得公开透明，与此同时，保险公司也可以随时查询和追踪这些信息，从而在保证信息安全的情况下降低勘察保险的难度。

2. 保证信息的连续性

在我国，投保方信息一般都是归保险公司所有，但这些信息却没有被很好地交换和共享。然而利用区块链把投保方信息记录和存储下来，使其独立于保险公司存在，并让第三方可以凭借公钥获取，就可以进一步确保这些信息不被丢失。

可以说，在区块链的助力下，信息丢失问题已经得到了比较有效的解决。这也就意味着，无论是投保方的利益，还是保险公司的利益，都有了很好的保障。与此同时，保险业的发展也会越来越好，并受到广大投保人的认可和信任。

11.1.2 保单内容失误影响保险业诚信

2009 年， 王女士、李女士、张女士相继以趸交的方式投保了一份终身保险，并分别缴纳费用 6200 元、6350 元、7500 元。过了一段时间，保险公司为她们出具了保险单据、保险条款、现金价值表。

在这份终身保险的合同上有这样的约定：“每份保险合同的最高保险金额为 5 万元。在保险合同的有效期内，如果投保方因疾病、意外伤害而导致死亡或身体高度残疾，保险公司需要按照保险单据上的规定向投保方支付相应的保险金额，支付以后则保险合同立即解除。”此外，合同还约定，“在履行合同期间，投保人若不愿意续保则可以解除合同，保险公司根据现金价值表退还给投保人相应的保险金额。”

2019 年初，王女士等 3 人提出不愿意续保，从保险公司出具的现金价值表来看，投保人于 2019 年拒绝续保，每份保险单据的现金价值为：王女士 2.4 万元，李女士 2.7 万元，张女士 2.9 万元。然而，保险公司却无法按照这些数据给她们退还保险金额。

保险公司给出的原因是：虽然确实与三人签订了保险合同，但因为当时电脑出现了故障，导致出具的现金价值表打印错误，所以不能将其作为退还保险金额的依据。

以张女士为例，按照保险合同约定，如果张女士在保险合同的有效期内发生保险事故，那保险公司则要为每份保单承担 2.7 万元的责任。但是按照打印错误的现金价值表，张女士在第 10 年退保，保险公司需为其退还 2.9 万元的保险金额，这已经要高于发生保险事故后投保方应得的最大收益，违背了保险合同的基本常识。

基于上述情况，保险公司表示，为王女士等 3 人出具的现金价值表出现了打印错误，如果依然据此给 3 人退还保险金额的话，那就会影响其他投保人的利益。但即使这样，法庭依然判定，保险公司需要退还相应的保险金额及利息。

通过上述案例可以看出，无论是对于投保方来说，还是对于保险企业来说，保单内容失误都是一件非常麻烦的事情。一方面，会拉长投保方拿到保险金额的时间；另一方面，会影响保险公司的诚信。

可以说，保单内容失误是影响保险业诚信的一个重要因素，而诚信又是保险业的安身立命之本。因此，保险业要想获得良好发展的话，有必要解决诚信问题，区块链似乎就可以担此重任。在这一方面，宙斯盾 ZSC 项目就是一个极具代表性的先行实践者。

宙斯盾是一家以“区块链＋保险”为主要特征的创业公司，可以为所有保险企业提供完善的区块链解决方案。不仅如此，宙斯盾还可以重构保险行业，从而建立起一个全新的保险生态。

对此，宙斯盾联合创始人谢少帅曾表示：“区块链最大的核心是解决传统保险公司所面临的诚信问题，包括民事参与主体的诚信问题，通过将传统的保险转变为智能合约，可以避免文字游戏，也能推动保险自动化理赔。分布式数据库可以为整个保险业务公司与公司之间提供信任机制，规避业务壁垒。”这段话深刻阐述了区块链在保险业的巨大优势。另外，值得一提的是，宙斯盾区块链系统主要由四个部分组成，如图 11-1 所示。

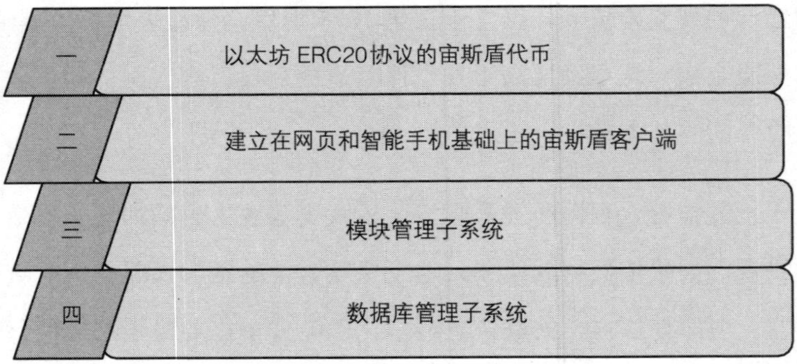

图 11-1　宙斯盾区块链系统的四大组成部分

由图可知，宙斯盾区块链系统其实是一个以保险业务为基础的 P2P 集市平台，可以分为供保和受保两个单元。值得注意的是，无论是供保单元还是受保单元，关键点都是资金池。

针对这一情况，谢少帅说：“互联网互助性保险对社会价值有非常大的益处，但是缺乏相应的机制，募集来的资金可能会被人拿走跑路了，通过将募集来的资金存在对应保险的资金池里，以及区块链资金流转可以被记录，就可以公开透明化监管。一旦发生赔付，比如小概率突发事件，如果没有建立资金池，保险公司无法支付这个赔付。在开放的体系里面，保险代币是可以被锁定、被监管的，一旦出现这种情况，资金池会自动进行赔付。”

另外，宙斯盾区块链系统与保险企业之间并不是竞争关系。在前期，宙斯盾会把保险企业的保险产品接入自己的区块链系统当中，以此来提高实现保险区块链化的速度。不仅如此，宙斯盾数据库还可以帮助保险企业存储保险合同。

以去马尔代夫旅游为例，其保险业务通常会涉及多个国家，有了宙斯盾区块链的助力以后，无论是业务涉及的不同国家，还是业务系统中的不同保险企业，都可以对不同的条款进行勾选。一旦发生赔付，宙斯盾区块链系统就可以操作多个保险企业，并且使其提供更加便捷和优质的保险服务。

通过这个案例就可以知道，对于保险企业来说，区块链确实是一项非常重要的技术，除了可以强大诚信这一重要根基以外，还可以推动自身的长远发展。而且，保险业一旦把诚信问题解决，完全可以促进我国的经济进步，为国民谋福利。

11.1.3　保险合同难处理，拉低赔付效率低

给自己或家人买保险可以说是一件十分平常的事情，主要就是为了能够得到一份保障。然而，要让保险合同处理得当却并不是那么容易，需要花费较长的时间，也需要经历较多的环节，主要包括以下几个环节。

1. 投保方在第一时间上报保险事故。

2. 对投保方和保险公司的义务进行认定。

3. 投保方向保险公司递交所有的材料。

4. 保险公司对投保方递交的材料进行审核。

5. 保险公司进行缜密的事故调查。

6. 保险公司计算需要赔付的保险金额。

而且一般情况下，这些环节都是由保险从业人员完成的，难免会存在效率低、易出错等弊端。然而智能合约仅需要几秒钟就可以将保险合同处理好，从而提升合同的履行效率。那么智能合约还有其他方面的用处吗？当然有，不过必须要在了解智能合约特点的基础上才能了解其用途。

之前，不少专家学者认为，智能合约是区域块领域的杀手级应用。实际上，与其这样认为，还不如把智能合约看作承诺的一种数字化表现形式。在1994年的时候，密码学家尼克·萨博第一次提出了“智能合约”的概念：合同参与方可以在上面执行这些承诺的协议，都能够以数字化的形式表现出来，这就是智能合约。

简单来讲，智能合约就是一个可以自动执行合同内容的电脑程序，工作原理与编程语言“if-then”语句非常相似，当然，也免不了会有一些不同之处。另外，当合同协议正式达成的时候，智能合约就会自动执行合同的条款，这可以看作是一种与世界资产的交互。

一般情况下，传统合同需要参与合同的双方彼此信任，而且还要求双方履行各自的义务。当然，合同也需要法律效力的约束，以保证双方的利益。然而，法律有时候也会因为人为原因而出错，但智能合约可以避免这样的错误。

具体来讲，同样是一份合同的履行，智能合约的双方不必互相信任，因为只要合同建立起来，就会被强制自动执行，而且双方都无法再更改其中的内容。与此同时，具备去中心化特征的区块链可以让合同通过分布式的网络节点执行，而不再依赖于第三方服务器，这样不仅黑客攻击服务器的现象不会出现，还可以免去保险合同被篡改的风险。

以投保方投保为例，投保方只要向保险公司投保，就会立刻生成一个保险合同。由于合同被存储在区域链的技术构架里，所以不会被篡改，智能合约则提供自动履行合同的功能。另外，值得一提的是，访问受限的合同只有投保方用密钥才可以看到，这可以保障投保方的个人隐私安全。不过，合同的查阅、修改等都会被记录和存储在链条里。

此外，区块链也让电子签约过程更加被信任。这里需要提及一个多层智能合约概念：未来在一个开源结构里，保险公司的责任履行会由多个不同方参与，每个不同方会在智能合约的一层里完成专属于它的工作。

由此可见，把智能合约存储到区块链中，确实能够保障合同的安全性和不可篡改性，只要达到了其中的一个条件，智能合约便会自动执行合同中相应的条款。保险合同也可以被当作智能合约纳入区块链中，投保方通过投保建立保险合同，通过智能合约，如果发生相对应的事件就可以自动获得理赔。

与保险合同一样，投资也可以被当作智能合约纳入区块链中。对于建立合同的投资人来说，投资期结束后，系统就会自动返还投资人的本金和利息。如果是融资，先把融资过程中的各项数据纳入区块链系统中，然后再由保险金融大脑对数据进行分析，并计算出融资利率，符合条件后就可以实现自动划款。

德国保险巨头安联就曾尝试用区块链技术推动巨灾债券市场，而且也取得了不错的效果。安联宣布成功用基于区块链的智能合约处理巨灾互换和债券交易，促进了金融工具的市场化。巨灾互换和债券作为一种交易工具，允许保险公司根据预定的条件避免重大灾难造成的损失。

以前，如果出现重灾，保险公司需要完成很多环节才可以实现保险合同的履行。对于保险公司来说，这是非常大的损失。但如果采用智能合约，让整个赔付过程实现自动化，可以大大缩短保险公司的赔付时间，提升赔付效率。

区块链能够增加巨灾互换和债券的可靠性，减少了第三方中介确定投资者交易和支付合法性过程中烦琐的人工操作环节，通过区块链建立的自动化赔付系统也避免了人为操作的错误。

可以说，自从区块链出现以后，保险合同的处理和履行就有了很大不同，不仅时间缩短、难度降低，效率也得到很大提升。未来，区块链会在保险合同上发挥更大的作用，进而为保险业带来新的活力。

11.2 区块链在保险业中的应用

区块链技术在保险行业的应用已成趋势，例如汉诺威再保险、安联等保险巨头，都在探索区块链技术在保险行业的应用，希望尽快实现区块链技术与保险行业的完美结合。

之所以会出现这种趋势，就是因为区块链技术的应用可以推动保险行业的发展。下面就一一列举保险种类，并逐一分析区块链技术在其中的应用。

11.2.1 财产保险和意外伤害保险

在保险业中，以房屋、车辆等物为保险标的保险通常被称为财产险和意外伤害险。处理此类保险的时候，最困难的工作就是对理赔所需要的信息进行收集。一直到现在，该项工作还是得依靠保险从业人员来完成，这不仅会让保险公司耗费大量的资源，而且一旦出现失误的话，还对理赔造成不良影响。

通过向投保方开放管理实物资产、追踪数据等重要权限，区块链可以在智能合约的助力下，实现业务规则的有效编写和保险事故的自动理赔，更重要的是，还可以将投保方信息永久地记录和存储下来。

从本质上来讲，保险其实就是一个合同，在这份合同上，一共记载了两方面的内容，一是投保方需要缴纳的保险费用；二是保险公司需要担负的赔偿责任。其中比较难处理的是，在界定“损失”的时候很可能会掺杂着一些主观色彩，而保险能不能顺利展开，正是由每份保单的条件是不是已经被满足来决定。

假设王 × 卷入了一起车祸当中，而且警方判定对方承担全部责任。于是，为了弥补自己的损失，王 × 在第一时间向保险公司提出了理赔要求，与此同时，保险公司也对车祸现场进行了详细勘察，并计算出应该向王 × 支付的理赔金额。

由此来看，从车祸发生到获得理赔的整个流程不仅非常烦琐，而且还十分复杂，其中涉及了多个相关方。所以，财产险和意外险的理赔效率往往会比较低。不过，自从区块链出现并兴起以后，情况就有了明显的好转。

通过区块链，无论是实物资产的管理还是追踪抑或是保险，都可以实现真正意义上的数字化。不仅如此，区块链中的智能合约还可以将纸质合同转化成可以编程的代码，这不仅有利于保险理赔的自动执行，而且还有利于保险公司尽快确定好各相关方应该分摊的责任。

实际上，如果把合同看作是以法律为约束的纸质协议，那智能合约就是以代码为约束的电子协议。例如，当保险公司收到投保方的理赔要求时，智能合约可以进一步确认保障范围，并将特殊的保险事故转交给保险从业人员进行审查和核实，而且无论是上述哪一项工作，都是完全自动化的。

HyperledgerFabric 是一个由超级账本联盟发布，并且受到业界广泛关注的区块链模型。基于该区块链模型，安联又推出了一个名为“专属自保”的新区块链模型，而且这一全新模型是特意为财产保险和意外伤害险设计的。

为了能够接收所有的指令和款项，安联把自己和花旗的 CitiConnect API 系统连接到了一起。不仅如此，“专属自保”通过把与保单有关的信息上传到区块链上，进一步简化了各相关方之间的交易流程。针对这些情况，安联的 Yann Krattiger 说：“无数的资料往来和海量的文件交换都已经不复存在，取而代之的是自动化处理。”

除了大幅度提升保险的理赔效率，区块链也优化了投保方的投保体验。以 Docusign 为例，通过与 Visa 合作推出区块链原型，将保险处理变得越来越自动化和在线化，同时也简化了为车辆投保的过程。另外，有了 Docusign 以后，无论是选择车辆的过程，还是选择保险的过程，抑或是支付保险费用的过程，都会被区块链记录和存储下来，这在很大程度上保证了这些过程的安全性。

实际上，如果非要对区块链的本质进行追究的话，该技术就是一个共享账本，可以记录和存储所有与保险有关的信息，并让投保方和保险公司随时随地地查看。当然，这也是区块链可以提升理赔效率、保证信息安全的重要原因。

11.2.2 健康保险

目前，我国医疗服务体系面临着很多挑战，其中比较大的就是运转状态相对低效。也正是因为这样，健康保险的发展才受到了一些阻碍。通常而言，任何一位患者都会接触很多医生，因为这些医生来自不同的医院，所以他们之间并不会交换和共享那些敏感性非常强的医疗数据。

在这种情况下，为了获取更多的医疗数据，保险公司就必须在不同的医院和医生之间协商。也就是说，要想获取医疗数据的话，保险公司必须花费大量的资源，同时还要经历各种不同的环节。

但是，有了加密保护的区块链以后，上述问题就可以得到有效解决。因为区块链可以在不泄露患者隐私的情况下，为整个医疗领域建立同步的信息库，从而使保险公司花费更少的资源。

假设张 × 因为骨折而四处求医，他究竟能不能得到有效治疗，在很大程度上取决于他的医生是不是可以获取与他相关的医疗数据。因此，医生就必须想方设法让其他医院提供更多有用的医疗数据。

与此同时，如果张 × 恰巧上了健康保险并想得到理赔的话，还需要先从保险公司取得相关权限，再向其提出理赔要求。而且，无论是医生获取医疗数据的过程，还是张 × 得到理赔的过程，都是人工操作的，不仅速度慢、效率低，而且非常容易出现失误。

但是，有了区块链以后，医疗数据可以由患者自己掌握和管理，而且区块链也会根据具体情况给予患者一定的访问权限。另外，区块链还可以为每一笔医疗记录保留加密签名，从而使保险公司和医院不必在各种数据库之间周旋。

区块链的签名可以为医疗数据加密并做好时间戳标记，换句话说，任何医疗数据都不需要被真正地记录和存储在区块链上。不过，只要医疗数据出现变更，区块链也还是会立刻发现，因此，无论是保险公司，还是医院，还是都可以对医疗数据进行追踪和查看。

Gem Health 是一家专注在区块链上开发医疗保健应用的互联网公司，不仅如此，为了将管理医疗数据的权力转移到患者自己手中，该公司还进行了基础架构建设，因此，Gem Health的主要目标是让保险公司、患者、医院都可以对医疗数据进行追踪和查看，从而进一步提升理赔效率。Gem Health曾经与飞利浦达成密切合作，共同建立了一个私有区块链，主要用来进行医疗服务管理。

由麻省理工学院设计并研发的MedRec是一个与Gem Health非常相似的案例，同时也是一个可以对医疗数据进行分散式管理的系统。该系统通过为记录并存储在区块链上的医疗数据建立索引，允许有权限的医院和保险公司对医疗数据进行追踪和查询。

这样的话，不仅患者隐私可以得到很好的保护，也可以让医疗数据的审核和检验变得更加简单。现在，虽然MedRec还处于概念验证阶段，但必须承认的是，该系统为如何通过区块链保护医疗数据这一问题提供了一个非常有效的解决思路。

当然，从目前的情况来看，区块链也许还不能被称为医疗领域的“秘密武器”，保险领域中的区块链公司要想在这方面有所建树的话，仍需克服较多的障碍。但是，一旦克服了这些障碍，无论是对医院而言，还是对保险公司而言，都是可遇不可求的。

11.2.3 再保险

帮助投保方转嫁风险，将损失降到最低是保险的一个最基础作用，该作用具有一定的风险性。尤其在地震、海啸、山洪等巨灾发生的时候，这一点表现得尤为明显。具体来说，因为受到烦琐流程和一次性合同的限制，再保险公司和原保险公司之间很难进行有效沟通。

而且，根据再保险类别的不同，再保险公司和原保险公司可以在不同定时间内对投保方进行理赔，或者对地震、海啸、山洪等巨灾带来的特定风险进行保障。

前面已经提到，区块链是一个不可篡改的账本上，当数据被记录和存储在上面并实现共享以后，再保险公司就不必等待原保险公司提供的有效数据。这样的话，不仅理赔效率得到了大幅度提升，投保人的投保体验也得到了进一步优化。

就现阶段来看，购买再保险的流程是既烦琐又复杂的，而要是购买临时再保险的话，就更需要对每一个可能发生的风险进行单独核保，同时还需要在正式签订保险合同之前经过投保方和保险公司的反复推敲，推敲时间有时甚至会超过 3 个月。

不仅如此，保险公司通常还会购买大量的再保险，在这种情况下，要想对保险进行理赔的话，所需的重要数据就必须在多个相关方之间共享。然而，因为不同保险公司的数据标准都是不同的，所以不同保险公司对保险理赔的解释也都不同。

自从区块链出现以后，原投保方和再投保方之间的数据共享过程就会被进一步压缩，这也使再保险流程变得更加简化。另外，通过区块链，原投保方和再投保方的系统可以对一些重要数据（保险费用、损失情况等）进行同时记录和存储。

据相关数据显示，通过大幅度提高保险理赔的效率，区块链每年可以为再保险业节省 50 亿～ 100 亿美元的成本。与此同时，区块链还可以降低再保险产品价格和再保险费用。

安联与 Nephila 达成合作之后，便开始运用区块链，通过智能合约，完成巨灾保险的再保险转嫁工作。之前，如果想要在原投保方和再投保方之间转移风险的话，就必须使用一个非常专业的金融工具——巨灾掉期。

然而，当该金融工具有了智能合约的驱动以后，就可以在巨灾发生的时候启用，同时也可以根据再保险合同向原投保方履行赔偿义务，而且这两个环节都是自动且高效的。正如安联首席核保人理查德·博伊德所说："让当下深植于整个风险转嫁过程中的人工驱动模式被区块链取代，可以在很大程度上消除人为疏忽带来的损失。"

另外，由安联、美亚、亚洲富通、汉诺威、信利等保险和再保险巨头组成的B3i财团也在区块链领域不断深耕，该财团为巨灾超赔再保险开发出了一个智能合约管理系统。相关人士表示，这个系统中的每一份再保险合同都以智能合约的形式记录和存储在同一共享平台上。当巨灾发生的时候，智能合约将会对各相关方提供的数据进行分析，并对各相关方应该分摊的赔款进行计算，而且全部都是自动的。

总而言之，把区块链应用到再保险当中是一个非常明智的选择，因为确实有比较多的优势。例如，对资金和承保进行更加合理地配置、提升整个保险业的稳定性、帮助再保险公司直接获得有效数据等。基于此，针对再保险的区块链应用将会成为各大区块链公司的着力点，并由此推动保险业的良好发展。

11.2.4 欺诈识别和风险防范

在诚信这一强大根基的影响下，保险公司的目标已经变成了建立一套新型信用体系的区块链技术，因此，保险业才被认为是最早探索区块链应用的行业之一。

众所周知，有了身份识别这一强大基础，智能合约的自动执行就可以被有效触发，从而实现保险的自动赔付，保险公司的工作效率就会大大提升，客户体验也会有非常明显的改善。

实际上，除了智能合约这样的基础应用，区块链的特性可以有效实现保险业在数据交换场景下的应用。而且从目前的情况来看，在区块链的助力下，已经有不少“拓荒者”成功建立起了保险业反诈骗联盟。

对此，泰康在线的首席技术官潘高峰表示，他们正在积极探索以区块链为基础的反诈骗联盟，并且呼吁更多的公司加入。另外，据他透露，泰康在线建立反诈骗联盟的主要目的是，提供一个行业级别的互联网风险保障平台。

从目前的情况来看，由泰康在线布局的区块链反诈骗联盟系统，不仅已经正式投入使用，而且还和多种渠道进行了一些非常有意义的操作，如数据共享、数据互换、数据同步等。

在一次大会上，潘高峰说：“我们根据区块链的特性，编写了对用户过往投保及保单操作信息记录的智能合约，通过智能合约来界定用户在投保时是否具有投保资格及可购买的保单保障金额。通过区块链技术，希望在源头上做到杜绝骗保、骗赔等行为的发生。”由此可见，在防敲诈方面，泰康在线确实做出了很多努力。

最近几年，风险保额过高的事件屡屡发生，例如，为了累计更高的风险保额，有人会在多家保险公司购买不同保额的短期意外险产品。而之所以会出现这样的情况，主要就是保险公司之间缺乏数据交换，导致核保和核赔阶段的信息不对称。而区块链则可以有效解决这一问题，正如潘高峰所说：“通过区块链，可以把所有意外险的数据做上去，保险公司就可以自己做核保了。”

另外，潘高峰还表示：“同行业之间的区块链应用相对而言是一个见效快的项目，有着成熟的应用场景和共同的目标需求。从某种程度上来说，各公司直接共享的数据就是成果。链上的实时数据即时可用，尤其在核保和核赔方面，可以毫不夸张地说，区块链上每新增一条数据，就是对所有的联盟成员新增了一层防护。”

从目前的情况来看，在反诈骗联盟项目中，区块链虽然被很好地应用于核保和核赔方面，但从整体来看，其依然处于技术验证和实践阶段。人保财险党委副书记、监事会主席王和也说过：“区块链在反诈骗领域的应用可以立竿见影，当然要和物联网、大数据、智能合约来匹配。”

实际上，上述两位业内人士的话也在一定程度上表示，“区块链＋保险”这一新兴模式还有很长的路要走。此外，如果从科技发展规律和技术成熟路线的角度来看，区块链在保险业真正落地应用的时机还没有成熟，正如信美人寿相互保险社数据信息中心总监童国红所说：“目前区块链技术底层相对来说比较成熟，在部分行业也有成熟的应用，但与保险结合的场景，大家都还在尝试中，真正的爆发还未到来。”

不过，在保险业陆续引入人工智能、互联网大数据等前沿科技以后，这些科技就会和区块链结合起来，成为推动保险产品创新的强大动力。对此，爱心人寿的首席技术官马湘一说道：“未来五到十年，区块链可能使保险业产生非常大的改变。”从现在的实际情况来看，他的这一论断是非常可信的。

实际上，通过本节的内容不难发现，区块链在保险业中的应用已经比较广泛，这得益于国家的发展、技术的进步、区块链公司的不懈努力。当然，如果按照这样的趋势发展下去，区块链将会在保险业发挥更大的作用，不断推动着保险公司和保险从业人员的进步。

第12章

区块链金融监管

在区块链金融如此火热的发展形势下，为了确保其合理规范的发展，一定要对其加强监管调节，防范区块链技术发展过快隐藏的风险，引导区块链技术在金融领域更好的发展。

目前，世界范围内的许多应用区块链技术的国家，都对本国的区块链金融进行了严格的监管，但手段各有不同，本章就介绍一些国家是如何对区块链金融进行监管，以及我国对区块链金融监管的措施和对策。

12.1 国际资本市场区块链技术监管经验

世界上不同的国家，对区块链金融监管的手段都不一样，各有特点，我国区块链金融监管的策略是在吸取各国监管成功经验的前提下，结合本国实际而确定的。再来分析我国的监管策略之前，我们先来了解一下其他国际是如何进行区块链金融监管的。

区块链技术作为一项新兴技术，其首先是在世界上的许多金融强国之间应用的，这些国家也有更多的监管经验，下面以这些经济大国为例，分析这些国家监管的优势及我们应该借鉴的经验。

12.1.1 美国

目前，区块链技术在全球范围内快速发展，许多国家都希望通过区块链技术的应用使本国的经济更上一层楼，在这种情况下，区块链技术的创新发展速度就成了各国经济竞争的主要推动力。

此前，俄罗斯曾直接承认，他们把区块链技术作为推翻美国金融和经济基础的一种手段，这对美国的区块链技术的发展造成了不小的压力，在这种情况下，想办法加速区块链金融的发展就成了美国经济发展中的重点。

为加速区块链金融的发展，美国的监管机构坚持监管不能阻碍区块链金融的创新的原则。为促进区块链技术的创新，美国对金融法律法规进行了修改和完善。

在美国，许多涉及金融行业的法律法规都是历史久远。因此，在区块链金融飞速发展的环境下，传统的金融监管框架可能已经不适应时代的需要了。

美国法律法规和监管存在的不确定性，是企业建立数据共享协议的阻碍因素，也让这些企业在使用移动端客户数据的时候效率得不到提高，导致创新变得越来越困难。例如，一个企业想在全美范围内推广一项新技术，就需要分析每一个州的监管法规，否则就可能违反当地的法规，使业务推广面临风险。

为解决监管机构存在的这些问题，美国金融监管机构采取了一系列措施。

1. 优化监管措施，使其适应财务数据汇总、共享和使用的变化，支持创新技术的发展。

2. 整改监管框架，解决监管分散的问题，积极研究金融科技创造的新业务模式。

3. 对于非银行金融机构产出的产品和服务活动，优化与其相关的特定法规，使监管法规不因技术发展而过时。

4. 提高监管灵活性，做到开放的监管，让企业能够放心使用新技术，还要确保美国的境外利益得到保护。

除了这些建议之外，美国政府和监管机构还意识到了英国“监管沙盒”的重要性，积极引入并使用，“监管沙盒”的监管机制虽然还处于发展期，但是它对于监管机构的监管和推动企业创新等方面发挥着重要的作用。

美国对于监管机构构架的优化完善和对于英国“监管沙盒”的借鉴和采

用，有利于区块链金融科技创新的发展，也提升了金融行业效率并降低了监管成本。

12.1.2 英国

英国金融监管机构最早承认区块链技术对公司发展的潜力，并在区块链技术的创新中，积极通过各种手段来帮助其发展并对其进行监管。

英国是世界上首批使用“监管沙盒”的国家之一，所谓“监管沙盒”其实是一个安全空间，在这里，金融科技企业可以尝试使用其创新的金融产品、商业模式或营销方式，在相关活动遇到问题时也不会立刻受到监管法规的制约。

简单来说就是，监管机构在保护投资者权益、严防风险的前提下，合理地放宽监管规则，减少技术创新的规则障碍，推动更多的创新方案通过实践变成现实。在这个过程中，科技创新和有效管控风险实现了双赢。

英国监管机构已经批准了一些公司的申请，并将对加密资产进行测试。它们在尝试在一个可控的环境中探索消费者的利益能否在有效管控相关风险的同时得以实现，并且希望这个答案是确定的。

金融行为监管局正在开展扩大“监管沙盒”计划，希望更多区块链创新公司加入其中，为新的创新产品提供测试环境。目前，这个计划已经初见成效。

“监管沙盒”制度的实施并不是单向的，对于许多创新型企业来说，它们也积极地融入“监管沙盒”中来。最明显的表现就是，申请接受测试的企业增加了很多，这说明更多的企业在对具有创新性的想法进行尝试和实践，这都说明了英国金融行为监管局对于促进市场监管和创新的举措是可行的，取得了可喜的成效。

除了对“监管沙盒”的应用，英国金融监管机构还重视民众的意见和建议，这也为其金融监管的顺利进行起到了推动作用。

12.1.3 日本

作为一个勇于创新的国家，日本在对于区块链应用中的探索是积极的，在许多国家对加密货币持反对态度时，日本就开始了对新货币及其区块链技术的研究，并积极为该技术的开发、应用创造良好的环境。

在支持区块链技术的应用和发展的同时，日本也加强了对于区块链技术的监管，日本对于区块链金融的监管，采取的是政府监管和企业监管相结合的方式。

2014 年 6 月，日本执政党自由民主党（以下简称“自民党”）表示，暂时不对比特币进行监管；2014 年 2 月，全球最大比特币交易平台 Mt.Gox 正式申请法院破产保护，估计比特币损失约合 4.8 亿美元。

2015 年 8 月，Mt.Gox 的 CEO（首席执行官）被捕，日本成为第一个遭受巨量比特币损失的国家。此后，日本政府开始考虑比特币监管事宜。

2016 年 2 月，日本自民党计划提交认可比特币及其他加密货币身份的议案，一旦议案顺利通过，比特币将获得合法货币的地位以及更多的数字货币基础建设投资，同时也将受到更严格的监管并纳税；2016 年 5 月，日本通过了制定比特币等数字货币规则的资金结算修正案，并将数字货币定义为可用作结算的财产，数字货币与现金进行兑换的交易所将启用登记制度。自此，比特币像现金一样在日本境内流行开来。

2017 年 4 月，日本实施了《支付服务法案》，正式承认比特币是一种合法的支付方式，同时对数字资产交易提出了明确的监管要求；2017年9月，日本金融厅（FSA）发布了首批得到许可的“虚拟货币交易所”名单，主要包括Bitflyer、Zaif、BTCBOX、GMO、QUOINEX、BitBank、Bitpoint等11家虚拟货币交易所。

2018年1月，虚拟货币交易所Coincheck被不法分子盗走5亿美元资产，在这之后，日本金融厅对虚拟货币交易所的审批变得更为严格、谨慎；2018年9月，虚拟货币交易所Zaif损失了6000万美元资产，日本决定进一步加强网络安全性。

2019年3月，日本虚拟货币商业协会(JCBA)发布《关于ICO新监管条例建议》，以促进区块链业务的健全成长；2019年5月，《资金结算法》和《金商法》修正案正式通过，明确了对于虚拟货币兑换和交易规则的措施。

从2014年到2019年，日本一直在优化和创新相关政策，以使区块链和数字货币符合现实情况的要求。过去，数字货币被认为是极客的玩具，但现在正在发生变化，人们已经逐渐改变了旧有的观念，开始将数字货币用于合法、正常的交易。

如今，日本的很多商店都开始接受数字货币为支付手段，例如BIC CAMERA（电器销售商店）就张贴告示：接受比特币支付，单笔上限为十万日元。可以说，日本是数字货币立法的先行者，尤其是在各项法律法规正式生效以后，数字货币将在日本迎来重大利好，其价值也会有很大程度的上涨。

12.1.4 新加坡

新加坡是东南亚地区唯一的发达国家，20世纪六十年代之后，其经济迅速发展，逐渐为新兴的发达国家，被誉为“亚洲四小龙”之一。在世界金融的发展中，新加坡也是名列前茅的，其金融监管体系相对健全，是各国学习借鉴的榜样。

新加坡金管局成立金融科技和创新团队，包括支付与技术方案、技术基础建设、技术创新实验室三个办公室，投入巨额资金推动《金融领域科技和创新计划》发展，鼓励世界金融业在新加坡设立创新研发中心，鼓励金融科技项目的开发和应用。

2016 年 11 月新加坡金融监管局发布《金融科技监管沙盒指导》，加入“监管沙盒”的阵营，学习英国“监管沙盒”的方法，推行新的监管模式。

2017 年 11 月，新加坡发布 ICO 指南，该指南提出以区块链技术为核心出售数字货币的 ICO 方法，在某些情况下作为国家期货证券或金融顾问法案的条款。

2018 年 5 月，新加坡金管局建议推出一种“三层结构”，以降低小规模交易平台的市场准入门槛。

2019 年 1 月，《支付服务法案》通过新加坡国会审议，已经被正式立法，核心内容包括数字货币交易所需要申请牌照合规运营。

通过以上举措，我们不难看出新加坡政府在区块链金融的管理中坚持的原则，主要表现在以下几个方面：

1. 创新

新加坡对于区块链金融的态度是积极的，并且出台了许多区块链监管政策，都是以鼓励创新为主。这有利于创业者的规则预判，为下一步行动做准备，减少运作成本。

2. 监管模式

除了新加坡政府对于虚拟货币的法律监管外，MAS 也发布声明、风险警告或实施细则、指引，这些政府文件的内容与传统金融监管法规的内容衔接，弥补了立法上法律的空白，一定程度上可以及时跟踪行业风险并进行控制。

新加坡监管重点关注虚拟货币交易所和ICO，严厉防范洗钱与恐怖融资，对公民进行引导，同时引进“监管沙盒”的监管模式。在具体法规方面，对于新加坡公民的ICO 行为提高监管要求，尽力化解或规避风险。

12.1.5 澳大利亚

澳大利亚对于加密货币监管采取的是兼容并蓄的积极政策，出台了很多法规政策来推动区块链金融的发展并对其进行监。

澳大利亚政府发布实施加密货币交易新规的计划，规定了位于澳大利亚的数字货币交易所必须在澳大利亚注册登记，遵守反洗钱和反恐怖主义筹资法，并对政府履行报告义务。

由此可见，澳大利亚政府对加密货币的监管关注点是反洗钱与反恐怖主义融资，因为两者是匿名性和全球性的。政府的监管使公民增加了对于该行业的信心。总而言之，澳大利亚政府对于区块链金融的态度就是在保护公民财产的前提下积极发展区块链金融。

为此，澳大利亚政府采取了有效措施，控制加密货币纳税、监管加密货币消费。澳大利亚税务局利用数据匹配和识别技术来追踪加密货币投资者，并要求其遵守双边税收协定和反洗钱规定。澳大利亚政府可以从传统匿名加密货币市场中获取更多信息，证明了其监管政策是与时俱进的。

在对区块链金融加强监管的同时，澳大利亚政府也出台了一系列措施来推动区块链金融的发展，主要措施有以下几个方面。

1. 法定货币

澳大利亚在 2017 年 7 月 1 日宣布加密货币为法定货币。

2. 停止征税

随着人们对数字货币热情的高涨，澳大利亚政府对加密货币的看法也不断变化。2017 年 9 月，澳大利亚监管机构宣布将取消对数字货币双重征税的法律。依据澳大利亚商品服务税的规定，该法案停止了对购买加密货币的征税。

澳大利亚认为加密货币具有巨大的潜力，因此积极发展区块链金融，修订了很多法律法规并付诸实施，以期建立起一个对他们有利的监管体系，推动本国经济快速发展。

12.1.6　韩国

韩国对于区块链金融的态度相比之前讲到的其他国家就比较严格了。虽然韩国对区块链金融的态度时紧时严，但就现阶段而言，韩国的政策已经和缓了许多。韩国监管部门发出了“不反对加密货币”等声音，一定程度上缓解了韩国金融业内的情绪。

韩国召开经济部长会议，宣布了“招商引资支援制度”计划，此前，外商投资企业在韩国就可以享受减免所得税的政策。新规的颁布使受惠对象从所有外商缩小到了以新技术投资的外资企业，现金补贴代替了减免所得税。在减免对象中，就包括了区块链技术。

韩国对于区块链技术态度回暖，是一个长期发展的过程。多国共同呼吁成立区块链国际标准制定机构并全球实施，是促进韩国政府对区块链态度转暖的一方面原因。而态度转暖的另一方面，是加密货币目前对韩国传统金融行业的影响还相对有限。

自从韩国政府解除了对 ICO 的全面禁令以后，比特币就成为合法的汇款方式。而韩国监管部门对交易所的一系列政策，则最能体现韩国监管态度转暖、监管严格的态度。

韩国的这些最新举措实际上就是在将加密货币交易所重新归类，从通信供应商变成了加密资产交易所，承认它们为法律实体。这个新定义之所以重要，是因为韩国政府用这种方式间接承认了加密货币交易所的合法性。

对于业内人士来说，这是备受欢迎的，同时这也意味着更严格、透明的监管。加密货币相关法规变得更严格。例如，禁止匿名交易、禁止未成年人和政府官员交易加密货币、交易所上重税等。

12.2 国内监管措施及对策

区块链金融的发展是全球化的大趋势，区块链技术在我国的金融领域也在快速发展，为了应对这种趋势，我们必须提出行之有效的监管措施及对策。

在我国进行区块链金融的监管中，要借鉴其他国家成功的监管经验，同时与我国的具体国情相结合，制定出符合我国国情的监管措施及对策。

12.2.1 为什么区块链会率先洗礼金融业

在谈区块链对金融业的洗礼之前，先看看互联网金融的产品形态。当前互联网金融的产品形态多种多样，可以从四个角度进行分类，如图 12-1 所示。

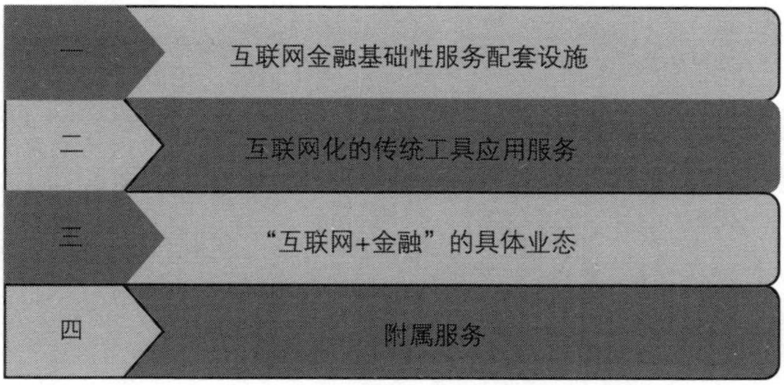

图 12-1　四类互联网金融产品形态

1．互联网金融基础性服务配套设施

互联网金融发展的基础性服务配套设施主要包括以大数据为核心的营销、征信、风控系统、以阿里云为代表的云服务和云计算系统以及以网络支付为代表的三方支付系统。

2．互联网化的传统工具应用服务

互联网化的传统工具应用服务主要包括供应链金融系统、网络借贷系统、小贷系统、众筹系统、三方支付系统、理财超市系统、大宗商品交易系统、股指期货系统、贵金属实盘系统、财经数据系统、在线博彩系统等。

3．“互联网 + 金融”的具体业态

“互联网 + 金融”的具体业态包括互联网 + 银行、互联网 + 基金、互联网 + 券商、互联网 + 基金、互联网 + 保险等借助互联网开展的新形态；

4．附属服务

互联网金融附属服务包括应用安全检测方面、金融信息安全方面、门户咨询、不良资产处置、咨询服务、法律、资产评估、会计师事务所、审计、

信用评级、公证与工商金融资质代办服务等。

然而，这些都是现在的金融形态，以比特币为代表的虚拟货币以及其底层技术区块链才真正涉及未来金融。区块链技术从根本上解决了与人类社会经济发展直接相关的信任难题，被人们称为“互联网世界的理想国”也不为过。可以说，区块链第一次从真正意义上实现了信息和价值的完整传递。

金融业拥抱区块链，接受区块链的洗礼是不无原因的，其原因如图 12-2 所示。

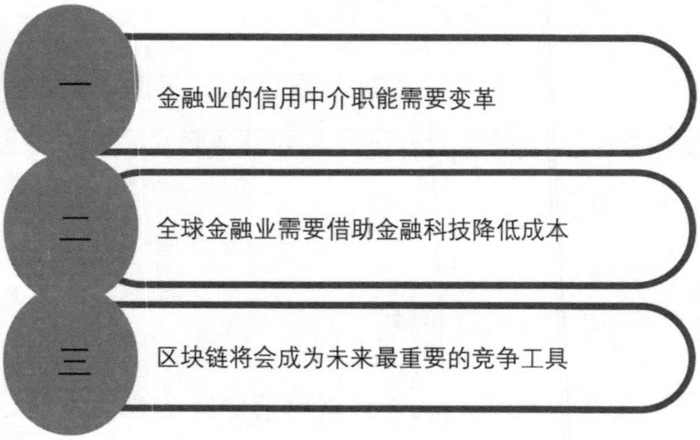

图 12-2　金融业拥抱区块链的三个原因

1. 金融业的信用中介职能需要变革

作为拥抱科技的先行者，金融业始终致力于通过科技进步改进金融业的信用中介职能。在移动互联网时代，为了解决信息不对称带来的不信任问题，所有的信用中介职能都是通过中心化的第三方体现的。

看近代自银行诞生以来的金融业发展，每一次科技进步都使得金融业发生了翻天覆地的改变。中心化一方面可以解决一定程度的信息不对称，而且降低成本，但是随着系统规模不断扩张，系统变得越来越脆弱。由此，中心化造成的道德风险使其难以向前发展。区块链技术的诞生为金融业提供了一个完美的解决方案，公开透明的分布式系统使得系统内交易双方可以相互信任，而且加密算法保证了交易的绝对安全，金融机构不再需要为此承担道德风险。

2. 全球金融业需要借助金融科技降低成本

全球金融业都面临着巨大的成本压力，利用金融科技将成本降低成为当前金融业最紧要的事情。纵观全球金融业，自全球金融危机以来，全球银行业盈利情况不容乐观。美国银行业盈利持续疲软；中国银行业利润增速接近于零；欧洲银行业甚至出现了 15 年的大面积亏损。因此，在宏观经济环境低迷的情况下，盈利面持续恶化，收入无法持续向好导致包括裁员、增加科技应用等手段压缩成本已经成为未来金融业的必然趋势。

从技术层面看，区块链还无法在金融业进行大规模应用，但是区块链与金融业的密切结合将会大大提升区块链的可应用程度。

3. 区块链将会成为未来最重要的竞争工具

金融业是竞争最激烈的领域之一，提前布局将会使得巨头巩固自己在市场中的根基，于是大量巨头开始迅速切入区块链行业。各大金融机构开始组建区块链联盟组织，成为进一步点燃区块链与金融业结合的催化剂。

当区块链在金融业得到广泛的应用后，每一个个体将会获得金融的能力，就像互联网赋予了我们获得信息的能力一样。在过去 30 年里，互联网的发展造就了信息时代的变革；在未来 30 年里，我们相信区块链技术也能造就一个新型的金融体系。

12.2.2 金融监管对象与体制

区块链技术的发展一直呈火热的趋势，随着各国区块链技术应用的不断落实，各国对于区块链金融的监管也在不断加强，而对于中国来说，对于区块链金融的监管无疑是覆盖全方位的严格监管。

在国内，政府出台了许多关于区块链的政策，包括监管、如何应用、技术发展、扶持政策等。在对区块链技术扶持力度加大的同时，对其监管手段和监管方式也在不断升级。

就监管对象而言，我国对于区块链金融的监管是全方位的，主要包括以下五个方面，如图 12-3 所示。

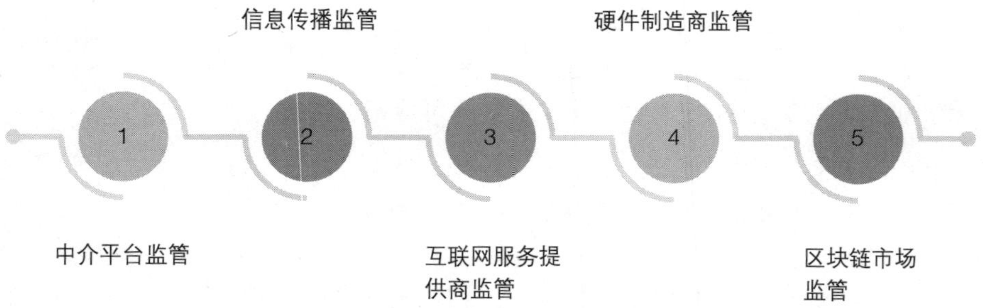

图 12-3　我国区块链金融的监管对象

1．对区块链中介平台的连带责任监管。

2．对区块链信息传播的监管。

3．对互联网服务提供商的监管。

4．对硬件制造商的监管。

5．对区块链市场的监管。

通过对区块链金融市场及其各方面全方位的监管，我国将建立起一个较完整的区块链金融监管体系，在这个体系中，不法之徒将无处藏身，有效地降低了我国发展区块链技术的风险。

在对于区块链技术的监管中，区块链技术不仅仅还是被监管的对象，同时也是进行监管的工具。区块链技术发展迅速，监管手段也要进行监管创新，而利用区块链技术来对行业进行监管无疑是最佳选择。区块链技术的不可篡改、分布式账本等特点更利于监管的接入，从而获得全面实时的监管数据。

在监管机构中融入区块链技术，使得区块链技术通过自身实现了对本行业的监管，可以更好地化解监管与被监管行业之间的矛盾，推进监管进程的顺利进行。

12.2.3　多样且全面的扶持政策

我国对于区块链金融政策，除了严格的监管以外，还有力度越来越大的扶持政策，积极鼓励区块链技术的创新。

目前为止，我国发布了许多鼓励区块链技术发展的政策。北京、上海、深圳、浙江等地都发布了区块链政策指导信息，鼓励项目投入发展。政府对于区块链技术的政策扶持是十分有必要的。一方面，区块链技术处于初期发展阶段，存在前期投入高、门槛高、回报周期长等特点，中小企业承担不起这样的风险，需要政府政策支持；另一方面，全国各地经济基础、产业环境、人才储备等都不均衡，企业需要政府来调配资源。

政府对于区块链技术的扶持政策是多样且全面的，其主要呈现出四大方向：

1．国家层面，推动区块链技术的标准统一，制定发展方向

就全球区块链技术发展形势来看，全球并未建立统一的技术标准，我国对此非常重视，并在其积极探索。

2．产业方面，将区块链技术作为战略性技术，大力发展

国务院把区块链技术加入国家战略层面里，提出要加强区块链技术的创新和应用。

3．与实体经济结合，从金融领域向其他领域扩展

区块链技术最先进入金融领域，并从金融领域向教育、政务、医疗等其他实体行业扩散。

4．各地政府根据自身特点，合理布局区块链技术的发展

除了国家层面的政策之外，各地政府也结合本地经济发展制定了各自的区块链扶持政策，在政策的支持下，各地区块链企业纷纷活跃起来。

在对区块链技术的扶持中，我国也借鉴了英国的“监管沙盒”机制，并进行了试验。例如，中国区块链“监管沙盒”的杭州湾产业园成立、上海自贸区试点等正探索建立中国式的“监管沙盒”。

12.2.4 根据实际国情构建“监管沙盒”

区块链金融模式的发展带来了金融领域的巨大变革，随之而来的还有潜在的风险及警示，对于区块链技术发展的风险，我国也进行了严格的全面的监控，在我国对于区块链金融风险防控的探索中，在借鉴国外成功经验的基础上与国情相结合，构建起了符合我国现状的中国式“监管沙盒”。

金融监管的基本功能包括金融系统性风险的防范、金融市场信息不对称的纠正、金融市场秩序的稳定三个主要方面。而区块链技术的快速发展，就对传统的金融监管体制产生了冲击，在对区块链技术的应对中，我国积极借鉴国外的成功实践经验，发现“监管沙盒”与我国金融市场、现有制度的实践和管理体制在一定程度上可以契合，“监管沙盒”的应用为我国的金融监管提供了新方法。

对于机遇与挑战并存的区块链金融，金融监管者应当具备对新产品、新市场风险的识别能力，在防控风险的前提下鼓励创新。在这样的要求下，“监管沙盒”以其独有的优势得到了许多国家的青睐。“监管沙盒”可以平衡创新与风险，让企业可以在一个安全的环境里实现新技术的应用。

那么我国对于“监管沙盒”模式应用的可能性有哪几方面？从各国的监管实践上来看，“监管沙盒”与我国现状的很多方面都存在契合性，主要表现在以下几个方面：

1.“监管沙盒”模式与我国金融发展现状相适应

区块链金融作为金融市场的新兴元素，与传统的金融市场的联系并不是十分紧密，且因其技术的独特性，对其的监管也应跳出传统监管的范畴，“监管沙盒”可以为其建造新的监管模式与监管空间，“监管沙盒”对于时间和空间的限制符合我国当前和金融市场大环境。

2. 试点试验的方式成为中国式“监管沙盒”的基础

通过设立实验区制度来实现监管制度的创新，在试点模式中积累的丰富经验为我国建立具有中国特色的“监管沙盒”模式打下了基础。例如上海自贸区就是建立上海金融中心的“试验田”。

3. “监管沙盒”与我国金融监管体制相契合

就监管体制而言，“监管沙盒”模式也适用于我国当前的金融监管现状。当前我国对于区块链金融的监管仍处于探索阶段，传统的金融监管体制也需要引入新方法来应对新挑战。

由于“监管沙盒”模式在我国的适用性，我国在对于区块链金融的监管中引入了这种模式，在监管上保持了与国际监管趋势的一致性，并且，我国在对于“监管沙盒”模式的应用中，还积极与我国的区块链金融发展现状相结合，力求打造最适应中国实际的中国式“监管沙盒”。